Tucholsky Wagner Zola Scott Sydow Freud Schlegel
Turgenev Wallace Fonatne
Twain Walther von der Vogelweide Fouqué Friedrich II. von Preußen
Weber Freiligrath
Fechner Fichte Weiße Rose von Fallersleben Kant Ernst Frey
Richthofen Frommel
Hölderlin
Engels Fielding Eichendorff Tacitus Dumas
Fehrs Faber Flaubert
Eliasberg Ebner Eschenbach
Feuerbach Maximilian I. von Habsburg Fock Eliot Zweig
Ewald Vergil
Goethe Elisabeth von Österreich London
Mendelssohn Balzac Shakespeare
Lichtenberg Rathenau Dostojewski Ganghofer
Trackl Stevenson Doyle Gjellerup
Mommsen Tolstoi Hambruch
Thoma Lenz Hanrieder Droste-Hülshoff
Dach Verne von Arnim Hägele Hauff Humboldt
Reuter
Karrillon Rousseau Hagen Hauptmann Gautier
Garschin
Defoe Baudelaire
Damaschke Descartes Hebbel
Hegel Kussmaul Herder
Wolfram von Eschenbach Dickens Schopenhauer
Bronner Darwin Melville Grimm Jerome Rilke George
Campe Horváth Aristoteles Bebel Proust
Bismarck Vigny Barlach Voltaire Federer Herodot
Gengenbach Heine
Storm Casanova Tersteegen Gilm Grillparzer Georgy
Chamberlain Lessing Langbein Gryphius
Brentano Lafontaine
Strachwitz Claudius Schiller Kralik Iffland Sokrates
Katharina II. von Rußland Bellamy Schilling
Gerstäcker Raabe Gibbon Tschechow
Löns Hesse Hoffmann Gogol Wilde Gleim Vulpius
Luther Heym Hofmannsthal Klee Hölty Morgenstern
Roth Heyse Klopstock Kleist Goedicke
Luxemburg Puschkin Homer Mörike
Machiavelli La Roche Horaz Musil
Navarra Aurel Musset Kierkegaard Kraft Kraus
Nestroy Marie de France Lamprecht Kind Kirchhoff Hugo Moltke
Nietzsche Nansen Laotse Ipsen Liebknecht
Marx Ringelnatz
von Ossietzky Lassalle Gorki Klett Leibniz
May vom Stein Lawrence Irving
Petalozzi Knigge
Platon Kafka
Sachs Poe Michelangelo Kock
Liebermann Korolenko
de Sade Praetorius Mistral Zetkin

Der Verlag tredition aus Hamburg veröffentlicht in der Reihe **TREDITION CLASSICS** Werke aus mehr als zwei Jahrtausenden. Diese waren zu einem Großteil vergriffen oder nur noch antiquarisch erhältlich.

Symbolfigur für **TREDITION CLASSICS** ist Johannes Gutenberg (1400 — 1468), der Erfinder des Buchdrucks mit Metalllettern und der Druckerpresse.

Mit der Buchreihe **TREDITION CLASSICS** verfolgt tredition das Ziel, tausende Klassiker der Weltliteratur verschiedener Sprachen wieder als gedruckte Bücher aufzulegen – und das weltweit!

Die Buchreihe dient zur Bewahrung der Literatur und Förderung der Kultur. Sie trägt so dazu bei, dass viele tausend Werke nicht in Vergessenheit geraten.

Drei Essays

Oscar Wilde

Impressum

Autor: Oscar Wilde
Übersetzung: Hedwig Lachmann/Gustav Landauer
Umschlagkonzept: toepferschumann, Berlin

Verlag: tredition GmbH, Hamburg
ISBN: 978-3-8495-3254-3
Printed in Germany

Text der Originalausgabe

Oscar Wilde

Drei Essays

Der Sozialismus und die Seele des Menschen – Aus dem Zuchthaus
zu Reading – Aesthetisches Manifest

Uebersetzt von
Hedwig Lachmann
und
Gustav Landauer

Verschollene Meister der Literatur
Band 2

Berlin 1928

Karl Schnabel Verlag

Vorbemerkung.

Der erste der drei Essays dieses Buches erschien unter dem Titel
»The soul of man under socialism« im Februar 1891 im »Fortnightly
Review«. – Man wird nun, wo dieser verschollene Essay wieder ans
Licht kommt, verstehen, *warum* die englische Gesellschaft diesen
genialen Mann, der einst ihr verhätschelter Liebling war, solange
seine schönheitshungerige Seele mit ihnen zu spielen schien, später
so tötlich haßte und so infam ins Elend stieß. Die Rache der Sklaven
ist schrecklich, die Rancune der Herren aber ist unsäglich. Eine
Einsicht, die einem oft verwandten Geiste, Friedrich Nietzsche,
vielleicht nicht gefehlt hätte, wenn er nicht bloß Deutscher, sondern
sogar Engländer gewesen wäre.

Zweitens folgt ein offener Brief, den Wilde im Jahre 1897, bald
nach seiner Entlassung aus dem Zuchthause zu Reading, an den
Herausgeber des »Daily Chronicle« richtete. Sein Inhalt berührt sich
mit bestimmten Stellen des vorhergehenden Essays, so daß er hier
an seinem Platze schien. Die Übersetzung erschien zuerst 1897.

Der dritte Essay entstammt einem 1882 in Philadelphia erschie-
nenen Gedichtebuch: Rose-leaf and Apple-leaf von Rennell Rodd.
O. W. schrieb unter dem Titel L'Envoi (Zueignung) dazu eine Einführung. Da sie hier selbständig erscheint und die Kunstauffassung
Wildes zum erstenmal und in entscheidender Form ausspricht,
schien der von uns gewählte Titel – der also nicht von Wilde
stammt – angemessen.

G. L.

Der Sozialismus und die Seele des Menschen

Der größte Nutzen, den die Einführung des Sozialismus brächte, liegt ohne Zweifel darin, daß der Sozialismus uns von der schmutzigen Notwendigkeit, für andere zu leben, befreite, die beim jetzigen Stand der Dinge so schwer auf fast allen Menschen lastet. Es entgeht ihr in der Tat fast niemand.

Hie und da ist im Lauf des Jahrhunderts ein großer Forscher wie Darwin, ein großer Dichter wie Keats, ein scharfer kritischer Kopf wie Renan, ein ungemeiner Künstler wie Flaubert imstande gewesen, sich abzusondern, sich vor den lärmenden Ansprüchen der anderen zu retten, »im Schutz der Mauer zu stehen«, wie Plato sich ausdrückt, und so zu seinem eigenen unvergleichlichen Gewinn und zum unvergleichlichen und bleibenden Gewinn der ganzen Welt die Vollendung dessen zu erreichen, was in ihm war. Das sind aber Ausnahmen. Die meisten Menschen verderben ihr Leben mit einem heillosen, übertriebenen Altruismus – sie sind geradezu gezwungen, es zu tun. Sie sehen sich von scheußlicher Armut, scheußlicher Häßlichkeit, scheußlichem Hungerleben umgeben. Es ist unvermeidlich, daß ihr Gefühl durch all das stark erregt wird. Die Gefühle des Menschen bäumen sich schneller auf als sein Verstand, und – wie ich vor einiger Zeit in einem Aufsatz über das Wesen der Kritik gesagt habe – Mitgefühl und Liebe zu Leidenden ist bequemer als Liebe zum Denken. Daher machen sie sich mit bewundernswertem, obschon falschgerichtetem Eifer sehr ernsthaft und sehr gefühlvoll an die Arbeit, die Übel, die sie sehen, zu kurieren. Aber ihre Mittel heilen diese Krankheit nicht: sie verlängern sie nur. Ihre Heilmittel sind geradezu ein Stück der Krankheit.

Sie suchen etwa das Problem der Armut dadurch zu lösen, daß sie den Armen am Leben halten; oder – das Bestreben einer sehr vorgeschrittenen Richtung – dadurch, daß sie für seine Unterhaltung sorgen.

Aber das ist keine Lösung: das Übel wird schlimmer dadurch. *Das eigentliche Ziel ist der Versuch und Aufbau der Gesellschaft auf einer Grundlage, die die Armut unmöglich macht.* Und die altruistischen Tugenden haben tatsächlich die Erreichung dieses Ziels verhindert. Gerade wie die schlimmsten Sklavenhalter die waren, die ihre Sklaven gut behandelten und so verhinderten, daß die Gräßlichkeit der Einrichtung sich denen aufdrängte, die unter ihr litten, und von denen gewahrt wurde, die Zuschauer waren, so sind in den Zuständen unserer Gegenwart die Menschen die verderblichsten, die am meisten Gutes tun wollen; und wir haben es schließlich erlebt, daß Männer, die das Problem wirklich studiert haben und das Leben kennen – gebildete Männer, die im Londoner Eastend leben – auftreten und die Gemeinschaft anflehen, ihre altruistischen Gefühle und ihr Mitleid, ihre Wohltätigkeit und dergleichen einschränken zu wollen. Das tun sie mit der Begründung, daß solches Wohltun herabwürdigt und entsittlicht. Sie haben völlig recht. Mitleid schafft eine große Zahl Sünden.

Auch das muß noch gesagt werden. Es ist unsittlich, das Privateigentum dazu zu benutzen, die schrecklichen Übel zu lindern, die die Institution des Privateigentums erzeugt hat. Es ist unsittlich und nicht loyal.

Im Sozialismus wird natürlich all das geändert sein. Es wird keine Menschen geben, die in stinkenden Höhlen und stinkenden Lumpen leben und kranke Kinder in unmöglicher und widerwärtiger Umgebung aufziehen. Die Sicherheit der Gesellschaft wird nicht wie heute von der Witterung abhängen. Wenn Kälte einsetzt, wird es nicht hunderttausend Arbeitslose geben, die in ekelhaftem Elend die Straßen ablaufen oder ihren Mitmenschen etwas vorweinen, bis sie ein Almosen kriegen, oder sich vor dem Tor eines abscheulichen Asyls für Obdachlose drängen, um ein Stück Brot und ein unsauberes Nachtquartier zu ergattern; jedes Mitglied der Gesellschaft wird an der allgemeinen Wohlfahrt und dem Gedeihen der Gesellschaft teilhaben, und wenn die Kälte kommt, wird darum in der Tat niemand im geringsten schlechter gestellt sein.

Andrerseits ist *der Sozialismus lediglich darum von Wert, weil er zum Individualismus führt.*

Der Sozialismus, Kommunismus, oder wie immer man den Zustand nennen will, gibt dadurch, daß er das Privateigentum in eine öffentlich-rechtliche Institution verwandelt und die Genossenschaft an die Stelle der Konkurrenz setzt, der Gesellschaft ihren eigentlichen Charakter, den eines durchweg gesunden Organismus, zurück und sichert jedem Glied der Gemeinschaft das materielle Wohlergehen. Er gibt in der Tat dem Leben seine rechte Grundlage und seine rechte Umgebung. Aber für die volle Entfaltung des Lebens zum höchsten Grad seiner Vollendung tut noch etwas mehr not. Was not tut, ist der Individualismus. Wenn der Sozialismus autoritär ist, wenn es in ihm Regierungen gibt, die mit ökonomischer Gewalt bewaffnet sind, wie jetzt mit politischer: wenn wir mit einem Wort den Zustand der industriellen Tyrannis haben werden, dann wird die letzte Stufe des Menschen schlimmer sein als die erste. Jetzt sind infolge des Vorhandenseins von Privateigentum sehr viele Menschen imstande, einen gewissen, recht beschränkten Grad des Individualismus zu erreichen. Entweder stehen sie nicht unter dem Zwange, für ihren Lebensunterhalt zu arbeiten, oder sie sind imstande, ein Tätigkeitsfeld zu wählen, das ihnen wahrhaft entspricht und ihnen Freude macht. Das sind die Dichter, die Philosophen, die Forscher, die Geistmenschen – mit einem Wort, die wirklichen Menschen, die Menschen, die sich selbst verwirklicht haben und in denen die ganze Menschheit eine teilweise Verwirklichung findet. Andrerseits gibt es sehr viele Menschen, die nicht im Besitz von Privateigentum und immer in Gefahr sind, in Not und Hunger zu sinken, so sind sie gezwungen, die Arbeit von Lasttieren zu tun, Arbeit zu tun, die ihnen ganz und gar nicht entspricht, zu der sie aber durch die unerbittliche, unvernünftige, entwürdigende Tyrannei der Not gezwungen werden. Das sind die Armen, und bei ihnen gibt es keine Grazie, keine Anmut der Rede, keine Bildung oder Kultur oder Verfeinerung der Genüsse, keine Lebensfreude. Aus ihrer Gesamtkraft zieht die Menschheit viel materiellen Wohlstand. Aber nur dieses materielle Ergebnis ist der Gewinn, und der Arme an sich ist völlig wertlos. Er ist nur das winzigste Atom einer Kraft, die, soweit er in Betracht kommt, ihn vernichtet, der es sogar lieber ist, wenn er vernichtet ist, da er in diesem Fall williger ist.

Natürlich könnte man sagen, der Individualismus, wie er unter den Bedingungen des Privateigentums entsteht, sei nicht immer, nicht einmal in der Regel von edler und erfreulicher Art, und die Armen hätten, wenn ihnen auch Kultur und Grazie abgingen, doch viele Tugenden. Beide Behauptungen wären ganz richtig. Der Besitz von Privateigentum ist sehr oft äußerst entsittlichend, und das ist natürlich eine der Ursachen, warum der Sozialismus die Einrichtung abschaffen will. Das Eigentum ist wirklich in der Tat eine Last.

Vor einigen Jahren reisten etliche im Lande herum und verkündeten, das Eigentum habe Pflichten. Sie sagten es so oft und so zum Überdruß, daß schließlich die Kirche angefangen hat, dasselbe zu sagen. Man hört es jetzt von jeder Kanzel herab. Es ist völlig richtig. Das Eigentum hat nicht nur Pflichten, sondern so viele Pflichten, daß es eine Last ist, viel davon zu besitzen. Fortwährend muß man aufs Geschäft achten, fortwährend werden Ansprüche geltend gemacht, fortwährend wird man behelligt. Wenn das Eigentum nur Annehmlichkeiten brächte, könnten wir es aushalten, aber seine Pflichten machen es unerträglich. Im Interesse der Reichen müssen wir es abschaffen. Die Tugenden der Armen können bereitwillig zugegeben werden und sind sehr zu bedauern. Man sagt uns oft, die Armen seien für Wohltaten dankbar. Einige von ihnen sind es ohne Frage, aber *die besten unter den Armen sind niemals dankbar.* Sie sind undankbar, unzufrieden, unbotmäßig und aufsässig. Sie haben ganz recht, so zu sein. Sie fühlen, daß die Wohltätigkeit eine lächerlich ungenügende Art der Rückerstattung ist, oder eine gefühlvolle Spende, die gewöhnlich von einem unverschämten Versuch seitens des Gefühlvollen begleitet ist, in ihr Privatleben einzugreifen. Warum sollten sie für die Brosamen dankbar sein, die vom Tische des reichen Mannes fallen? Sie sollten mit an der Tafel sitzen und fangen an, es zu wissen. Was die Unzufriedenheit angeht, so wäre ein Mensch, der mit solcher Umgebung und so einer niedrigen Lebenshaltung nicht unzufrieden sein wollte, ein vollkommenes Vieh. Unbotmässigkeit ist für jeden, der die Geschichte kennt, die recht eigentliche Tugend des Menschen. Durch die Unbotmässigkeit ist der Fortschritt gekommen, durch Unbotmässigkeit und Aufsässigkeit. Manchmal lobt man die Armen wegen ihrer Sparsamkeit. Aber den Armen Sparsamkeit zu empfehlen, ist ebenso grotesk wie beleidigend. Es ist dasselbe, als wollte man einem Halbverhungerten empfehlen, weniger zu essen. Von einem Stadt- oder Landarbeiter wäre es unmoralisch, sparen zu wollen. Niemand sollte gewillt sein, zu zeigen, daß er wie ein schlecht gefüttertes Stück Vieh leben kann. Viele lehnen es denn auch ab, und ziehen es vor, zu stehlen oder aber ins Armenhaus zu gehen, was manche für eine Form des Stehlens halten. Was das Betteln angeht, so ist es sicherer, zu betteln als zu nehmen, aber es ist vornehmer, zu nehmen als zu betteln. Wirklich: ein armer Mann, der undankbar, unsparsam, unzufrieden und aufsässig ist, ist vielleicht eine wirkliche Persönlichkeit und hat viel in sich. In jedem Fall ist es ein heilsamer Protest. Was die tugendhaften Armen angeht, so kann man sie natürlich bemitleiden, aber es fällt schwer, sie zu respektieren. Sie haben sich mit dem Feind in Unterhandlungen eingelassen und ihre Erstgeburt für eine Bettelsuppe verkauft. Sie müssen auch aussergewöhnlich dumm sein. Ich kann völlig verstehen, dass ein Mann Gesetze akzeptiert, die das Privateigentum schützen und erlauben, es aufzuhäufen, solange er selbst unter diesen Bedingungen imstande ist, sich irgend eine Form schönen und geistigen Lebens zu schaffen. Aber es ist für mich fast unglaublich, wie jemand, dessen Leben durch solche Gesetze verstümmelt und besudelt worden ist, ihre Fortdauer zu ertragen vermag.

Indessen ist die Erklärung in Wirklichkeit nicht schwer zu finden. Sie lautet einfach so. Elend und Armut sind so völlig entwürdigend, und üben eine so lähmende Wirkung auf die menschliche Natur aus, dass eine Klasse sich ihres eigenen Leidens niemals wirklich selbst bewusst wird. Es muss ihnen von andern Menschen gesagt werden, und sie glauben ihnen häufig durchaus nicht. Was manche grosse Unternehmer gegen die Agitatoren sagen, ist ohne Frage wahr. Agitatoren sind eine Art zudringlicher Störenfriede, die sich in eine völlig zufriedene Schicht der Bevölkerung begeben und die Saat der Unzufriedenheit unter sie säen. Das ist der Grund, warum Agitatoren so absolut notwendig sind. Ohne sie gäbe es in unserem unvollkommenen Gemeinwesen keinerlei Annäherung an die Kultur. Als die Sklaverei in Amerika unterdrückt wurde, geschah es nicht infolge irgend eines Vorgehens von Seiten der Sklaven, nicht einmal infolge einer ausgesprochenen Sehnsucht ihrerseits, frei zu sein. Sie wurde lediglich durch das gröblich ungesetzliche Vorgehen gewisser Agitatoren in Boston und andern Orten unterdrückt, die nicht selbst Sklaven oder Sklavenhalter waren und in Wirklichkeit mit der Frage gar nichts zu tun hatten. Ohne Zweifel waren es die Abolitionisten, die die Fackel entzündeten, die die ganze Sache anfingen. Und es ist seltsam zu sehen, dass sie bei den Sklaven selbst nicht nur wenig Beistand, sondern sogar kaum Sympathien fanden, und als die Sklaven am Ende des Krieges vor der Freiheit standen, und zwar vor einer so vollständigen Freiheit, dass sie die Freiheit hatten, zu verhungern, da tat vielen unter ihnen der neue Stand der Dinge bitter leid. Für denkende Menschen ist das tragischste Ereignis in der ganzen französischen Revolution nicht die Hinrichtung Marie Antoinettes, die getötet wurde, weil sie eine Königin war, sondern der Aufstand der ausgesogenen Bauern der Vendée, die sich freiwillig erhoben, um für die schmachvolle Sache des Feudalismus zu sterben.

Es ist also klar, dass es mit dem autoritären Sozialismus nicht geht. Unter dem jetzigen System kann wenigstens eine recht grosse Zahl Menschen ein Leben führen, das eine gewisse Summe Freiheit und Glück aufweist, aber unter einem Industriekasernensystem oder einem System wirtschaftlicher Tyrannei wäre niemand imstande, überhaupt irgend solche Freiheit zu haben. Es ist sehr schlimm, dass ein Teil unserer Gemeinschaft sich tatsächlich in Sklaverei befindet, aber der Vorschlag, das Problem so zu lösen, dass man die ganze Gemeinschaft versklavt, ist kindisch. Jedem muss völlig die Freiheit gelassen sein, sich selbst seine Arbeit auszusuchen. Keine Form des Zwangs darf geübt werden. Wenn Zwang herrscht, dann wird seine Arbeit nicht gut für den Arbeitenden sein und nicht gut für die andern. Unter Arbeit verstehe ich lediglich irgend eine Betätigung.

Ich glaube kaum, dass irgend ein Sozialist heutzutage im Ernst vorschlagen könnte, ein Inspektor solle jeden Morgen jedes Haus visitieren, um nachzusehen, ob jeder Bürger aufgestanden ist und sich an seine achtstündige körperliche Arbeit gemacht hat. Die Menschheit ist über diese Stufe hinausgekommen und überlässt diese Art Leben den Menschen, die sie sehr unvernünftiger Weise Verbrecher zu nennen beliebt. Aber ich gestehe, viele sozialistische Anschauungen, denen ich begegnet bin, scheinen mir mit unsaubern Vorstellungen von autoritärer Gewalt, wenn nicht tatsächlichem Zwang behaftet zu sein. Autoritäre Gewalt und Zwang können natürlich nicht in Frage kommen. Alle Vereinigung muss ganz freiwillig sein. *Nur in freiwilligen Vereinigungen ist der Mensch schön.*

Aber es kann gefragt werden, wie der Individualismus, der jetzt zu seiner Entfaltung mehr oder weniger die Existenz des Privateigentums braucht, aus der Abschaffung dieses Privateigentums Nutzen ziehen soll. Die Antwort ist sehr einfach. Allerdings haben unter den bestehenden Verhältnissen ein paar Männer, die im Besitz von Privatmitteln waren, wie Byron, Shelley, Browning, Victor

Hugo, Baudelaire und andere, ihre Persönlichkeit mehr oder weniger vollständig verwirklichen können. Keiner von diesen Männern tat je ein Tagewerk um des Lohnes willen. Sie waren der Armut ledig. Sie hatten einen ungeheuren Vorteil. Die Frage ist, ob es dem Individualismus zugute käme, wenn ein so grosser Vorteil abgeschafft würde. Nehmen wir an, er sei abgeschafft. Was wird dann aus dem Individualismus? Welchen Nutzen hat er davon?

Der Nutzen wird so beschaffen sein. Unter den neuen Umständen wird der Individualismus viel freier, viel schöner und viel intensiver sein als heutigen Tags. Ich spreche nicht von der grossen Phantasiewirklichkeit der Individualität bei solchen Dichtern, wie ich sie eben genannt habe, sondern von der grossen tatsächlich wirklichen Individualität, die in der Menschheit im allgemeinen latent und bereit ist. Denn die Anerkennung des Privateigentums hat in der Tat den Individualismus geschädigt und verdunkelt, indem es den Menschen verwechselte mit dem, was er besitzt. Es hat den Individualismus völlig in die Irre geführt. Es hat ihm Gewinn, nicht Wachstum zum Ziel gemacht. So dass der Mensch dachte, die Hauptsache sei, zu haben, und nicht wusste, dass es die Hauptsache ist, zu sein. *Die wahre Vollkommenheit des Menschen liegt nicht in dem, was er hat, sondern in dem, was er ist.* Das Privateigentum hat den wahren Individualismus vernichtet und einen falschen hingestellt. Durch Aushungern hat es einem Teil der Gemeinschaft die Möglichkeit benommen, individuell zu sein. Es hat dem andern Teil der Gemeinschaft die Möglichkeit, individuell zu sein, benommen, indem es ihn auf den falschen Weg brachte und ihn überbürdete. In der Tat ist die Persönlichkeit des Menschen so völlig von seinem Besitz aufgesogen worden, dass das englische Gesetz stets einen Angriff gegen das Eigentum eines Menschen weit strenger behandelt hat als gegen seine Person, und ein guter Bürger wird immer noch daran erkannt, dass er Eigentum hat. Die Betriebsamkeit, die zum Geldverdienen erforderlich ist, ist gleichfalls sehr demoralisierend. In einer Gemeinschaft wie der unsern, wo das Eigentum Rang, gesellschaftliche Stellung, Ehre, Würde, Titel und andere angenehme Dinge der Art verleiht, macht es der Mensch, ehrgeizig wie er von Natur wegen ist, zu seinem Ziel, solches Eigentum anzuhäufen, und fährt damit bis zur Ermüdung und zum Überdruss fort, auch wenn er weit mehr aufgehäuft hat, als er braucht oder benutzen kann, ja sogar mehr, als ihn erfreut und mehr als er weiss. Der Mensch arbeitet sich zu Tode, um Eigentum zu erlangen, und wenn man freilich die ungeheuren Vorteile sieht, die das Eigentum mit sich führt, ist es nicht zum Verwundern. Bedauern muss man, dass die Gesellschaft so aufgebaut ist, dass der Mensch in eine Grube gezwängt ist, wo er nichts von dem frei zur Entfaltung kommen lassen kann, was Schönes und Bannendes und Köstliches in ihm ist – wo er tatsächlich die wahre Lust und die wahre Freude am Leben entbehrt. Auch lebt er unter den gegenwärtigen Umständen sehr unsicher. Ein ungeheuer reicher Kaufmann kann in jedem Augenblick seines Lebens auf Gnade und Ungnade Dingen überliefert sein – ist es oft –, auf die er keinen Einfluss hat. Der Sturm wütet ein bischen mehr als sonst oder so ähnlich, oder das Wetter ändert sich plötzlich, oder irgend eine triviale Sache tritt ein, und sein Schiff geht unter, seine Spekulationen gehen schief, er ist ein armer Mann und seine gesellschaftliche Stellung ist verloren. Nun, nichts sollte einen Menschen schädigen können, es sei denn er selbst. Nichts überhaupt sollte einen Menschen ärmer machen können. Was in ihm ist, das hat der Mensch wirklich. Was draussen ist, sollte ohne Bedeutung sein.

Nach der Abschaffung des Privateigentums werden wir also den wahren, schönen, gesunden Individualismus haben. Niemand wird sein Leben damit vergeuden, dass er Sachen und Sachwerte anhäuft. Man wird leben. Leben – es gibt nichts Selteneres in der Welt. Die meisten Leute existieren, weiter nichts.

Es ist die Frage, ob wir jemals eine Persönlichkeit sich völlig haben ausleben sehen, es sei denn in der Phantasiesphäre der Kunst. In der Wirklichkeit haben wir es nie gesehen. Cäsar, so sagt uns Mommsen, war der vollkommene und vollendete Mensch. Aber wie tragisch unsicher war Cäsars Existenz! Immer, wenn es einen Mann gibt, der Macht ausübt, gibt es auch einen Mann, der der Macht widersteht. Cäsar war sehr vollkommen, aber seine Vollkommenheit ging einen zu gefährlichen Weg. Marc Aurel war der vollkommene Mensch, sagt Renan. Ja, der grosse Kaiser war ein vollkommener Mensch. Aber wie unerträglich waren die ewigen Forderungen, die an ihn gestellt wurden! Er taumelte unter der Last des Römischen Reiches. Er war sich bewusst, wie widersinnig es war, dass ein einzelner Mensch die Last dieses titanischen, ungeheuren Reiches tragen sollte. Unter einem vollkommenen Menschen verstehe ich einen, der sich unter vollkommenen Zuständen ausleben kann, einen, der nicht verwundet oder zerbissen oder verkrüppelt oder in ewiger Gefahr ist. *Die meisten Persönlichkeiten waren genötigt, Empörer zu sein. Ihre halbe Kraft hat die Reibung mit der Aussenwelt verbraucht.* Byrons Persönlichkeit zum Beispiel wurde in ihrem Kampf mit der Dummheit und Heuchelei und Philisterhaftigkeit der Engländer schrecklich mitgenommen. Solche Kämpfe machen die Kraft nicht immer intensiver; oft lassen sie die Schwäche ins Ungemessene wachsen. Byron hat uns niemals geben können, was er uns hätte geben können. Shelley kam besser davon. Gleich Byron verliess er England sobald als möglich. Aber er war nicht so bekannt. Wenn die Engländer eine Ahnung gehabt hätten, was für ein grosser Dichter er in Wirklichkeit gewesen ist, sie wären über ihn hergefallen und hätten ihm sein Leben so unerträglich gemacht, wie sie irgend konnten. Aber er spielte in der Gesellschaft keine grosse Rolle und entrann daher bis zu gewissem Grad. Aber auch in Shelley ist die Nuance der Empörung manchmal noch zu stark. Die Nuance der vollkommenen Persönlichkeit ist nicht Empörung, sondern Friede.

Sie wird etwas Wunderbares sein – die eigentliche Persönlichkeit des Menschen – wenn sie sich uns zeigen wird. Sie wird in natürlicher und einfacher Art wachsen, wie eine Blume, oder wie ein Baum wächst. Sie wird nicht im Streit liegen. Sie wird nie argumentieren oder disputieren. Sie wird nichts in der Welt beweisen. Sie wird alles wissen. Und doch keinen Wissenschaftsbetrieb kennen. Sie wird weise sein. Ihr Wert wird nicht mit materiellen Dingen messbar sein. Sie wird nichts haben. Und wird doch alles haben, und soviel man ihr auch nimmt, sie hat noch immer, so reich ist sie. Sie wird sich nicht immer um andere kümmern oder von ihnen verlangen, sie sollten ebenso sein wie sie selbst. Sie wird sie lieben, weil sie anders sind. Und doch, während sie sich um andere nicht kümmert, wird sie allen helfen, wie etwas Schönes uns hilft, indem es ist, wie es ist. Die Persönlichkeit des Menschen wird sehr wundervoll sein. Sie wird so wundervoll sein, wie die Persönlichkeit eines Kindes.

In ihrer Entfaltung wird sie vom Christentum gefördert werden, wenn die Menschen das lieben, wenn sie es aber nicht lieben, wird sie sich auch so mit Sicherheit entfalten. Denn sie wird sich nicht um Vergangenes zerreissen und wird sich's nicht kümmern lassen, ob sich etwas ereignet hat oder nicht ereignet hat. Auch wird sie keine Gesetze anerkennen als ihre eigenen und keine Autorität als ihre eigene. Doch lieben wird sie die, die ihre Mächtigkeit vorbereitet haben, und wird oft von ihnen sprechen. Und derer einer war Christus.

»Erkenne dich selbst,« stand über dem Portal der antiken Welt zu lesen. Ueber dem Portal der neuen Welt wird stehen: »Sei du selbst.« Und die Botschaft Christi an den Menschen lautete einfach: »Sei du selbst.« Das ist das Geheimnis Christi.

Wenn Jesus von den Armen spricht, meint er einfach Persönlichkeiten, gerade wie er, wenn er von den Reichen spricht, einfach Leute meint, die ihre Persönlichkeit nicht ausgebildet haben. Jesus lebte in einer Gemeinschaft, die gerade wie unsere die Anhäufung von Privateigentum erlaubte, und das Evangelium, das er predigte, hiess nicht, es sei in einer solchen Gemeinschaft von Vorteil, von karger, verdorbener Nahrung zu leben, zerlumpte, beschmutzte Kleider zu tragen, in entsetzlichen, ungesunden Wohnungen zu hausen, und es sei von Nachteil, in gesunden, erfreulichen und geziemenden Verhältnissen zu leben. Solch ein Standpunkt wäre damals und in Palästina falsch gewesen, und wäre natürlich heute und in unserm Himmelsstrich noch falscher, denn je weiter der Mensch nach Norden rückt, um so lebenentscheidender wird die materielle Notdurft, und unsere Gesellschaft ist unendlich komplizierter und weist weit stärkere Gegensätze von Luxus und Armut auf als irgend eine Gesellschaft der antiken Welt. Was Jesus gemeint hat, ist folgendes. Er sagte dem Menschen: »Du hast eine wundervolle Persönlichkeit. Bilde sie aus. Sei du selbst. Wähne nicht, deine Vollkommenheit liege darin, äussere Dinge aufzuhäufen oder zu besitzen. Deine Vollkommenheit ist in dir. Wenn du die nur verwirklichen könntest, dann brauchtest du nicht reich zu sein. Der gemeine Reichtum kann einem Menschen gestohlen werden. Der wirkliche Reichtum nicht. In der Schatzkammer deiner Seele gibt es unendlich wertvolle Dinge, die dir nicht genommen werden können. Und also, suche dein Leben so zu gestalten, dass äussere Dinge dich nicht kränken können. Und suche auch das persönliche Eigentum loszuwerden. Es führt niedriges Gebaren, endlose Angst, ewiges Unrecht mit sich. Persönliches Eigentum hemmt die Individualität bei jedem Schritt.« Es ist zu beachten, dass Jesus nie sagt, arme Leute seien notwendig gut, oder reiche Leute notwendig schlecht. Das wäre nicht wahr gewesen. Reiche Menschen sind als Klasse besser als arme, moralischer, geistiger, gesitteter. *Es gibt nur eine Klasse in der Gemeinschaft, die mehr ans Geld denkt, als die Reichen, und das sind die Armen.* Die Armen können an nichts anderes denken. Das ist der Jammer der Armut. Jesus also sagt, dass der Mensch seine Vollendung erreicht: nicht durch das, was er hat, nicht einmal durch das, was er tut, sondern ganz und gar durch das, was er ist. Daher also ist der reiche Jüngling, der zu Jesus kommt, als durchaus guter Bürger hingestellt, der kein Staatsgesetz, kein Gebot seiner Religion verletzt hat. Er ist ganz respektabel, im gewöhnlichen Sinn dieses ungewöhnlichen Wortes. Jesus sagt zu ihm: »Du solltest das Privateigentum aufgeben. Es hindert dich an der Verwirklichung deiner Vollkommenheit. Es ist eine Fessel für dich. Es ist eine Last. Deine Persönlichkeit braucht es nicht. In dir selbst, nicht draussen findest du, was du wirklich bist und was du wirklich brauchst.« Seinen Jüngern sagt er dasselbe. Er fordert sie auf, sie selbst zu sein und sich nicht immer um andere Dinge zu ängstigen. Was bedeuten andere Dinge? Der Mensch ist in sich vollendet. Wenn sie in die Welt gehen, wird die Welt sich ihnen widersetzen. Das ist unvermeidlich. Die Welt hasst die Individualität. Aber das soll sie nicht kümmern. Sie sollen still und in sich gekehrt sein. Wenn jemand ihnen den Mantel nimmt, sollen sie ihm den Rock noch dazu geben, eben um zu zeigen, dass materielle Dinge keine Bedeutung haben. Wenn die Leute sie beschimpfen, sollen sie nicht antworten. Was liegt daran? Was die Leute von einem Menschen sagen, ändert den Menschen nicht. Er ist, was er ist. Die öffentliche Meinung hat keinerlei Wert. Selbst wenn die Leute Gewalt anwenden, sollen sie sich nicht zur Wehr setzen. Damit sänken sie auf dieselbe niedrige Stufe. Und schliesslich kann ein Mensch selbst im Gefängnis völlig frei sein. Seine Seele kann frei sein. Seine Persönlichkeit kann unbekümmert sein. Friede kann in ihm sein. Und vor allem sollen sie sich nicht in andrer Leute Sachen einmischen oder sie irgendwie richten. Um die Persönlichkeit ist es etwas sehr Geheimnisvolles. Ein Mensch kann nicht immer nach dem, was er tut, beurteilt werden. Er kann das Gesetz halten und doch nichtswürdig sein. Er kann das Gesetz brechen und doch edel sein. Er kann schlecht sein, ohne je etwas Schlechtes zu tun. Er kann eine Sünde gegen die Gesellschaft begehen, und doch durch diese Sünde seine wahre Vollkommenheit erreichen.

Es war da eine Frau, die beim Ehebruch ergriffen worden war. Man berichtet uns nichts über die Geschichte ihrer Liebe, aber diese Liebe muss sehr gross gewesen sein; denn Jesus sagte, ihre Sünden seien ihr vergeben, nicht weil sie bereute, sondern weil ihre Liebe so stark und wunderbar war. Später, kurze Zeit vor seinem Tode, als er beim Mahle sass, kam das Weib herein und goss kostbare Wohlgerüche auf sein Haar. Seine Jünger wollten sie davon abhalten und sagten, es sei eine Verschwendung, und das Geld, das dieses köstliche Wasser wert sei, hätte mögen für wohltätige Zwecke, für arme Leute oder dergleichen verwendet werden. Jesus trat dem nicht bei. Er betonte, die leiblichen Bedürfnisse des Menschen seien gross und immerwährend, aber die geistigen Bedürfnisse seien noch grösser, und in einem einzigen göttlichen Moment, in einer Ausdrucksform, die sie selbst bestimmt, könne eine Persönlichkeit ihre Vollkommenheit erlangen. Die Welt verehrt das Weib noch heute als Heilige.

Wahrlich, es ist viel Wundervolles im Individualismus. Der Sozialismus zum Beispiel vernichtet das Familienleben. Mit der Abschaffung des Privateigentums muss die Ehe in ihrer bisherigen Form verschwinden. Das ist ein Teil des Programms. Der Individualismus nimmt das auf und verwandelt es in Schönheit. Er macht aus der Abschaffung gesetzlichen Zwanges eine Form der Freiheit, die die volle Entfaltung der Persönlichkeit fördern wird, und die Liebe des Mannes und der Frau wunderbarer, schöner und edler macht. Jesus wusste das. Er wies die Ansprüche des Familienlebens zurück, obwohl sie in seiner Zeit und seiner Gemeinschaft in sehr ausgeprägter Form bestanden. »Wer ist meine Mutter? Wer sind meine Brüder?« fragte er, als man ihm sagte, dass sie ihn zu sprechen wünschten. Als einer seiner Jünger um Urlaub bat, um seinen Vater zu beerdigen, war seine schreckliche Antwort: »Lass die Toten ihre Toten begraben.« Er wollte nicht dulden, dass irgend ein Anspruch an die Persönlichkeit herantrat.

So also ist der, der ein christusgleiches Leben führen will, vollkommen und vollständig er selbst. Er mag ein grosser Dichter sein oder ein grosser Forscher; ein junger Student oder ein Schafhirt auf der Heide; ein Dramatiker wie Shakespeare oder ein gottdenkender Mensch wie Spinoza; ein spielendes Kind im Garten oder ein Fischer, der seine Netze auswirft. Es kommt nicht darauf an, was er ist, solange er die Vollkommenheit der Seele verwirklicht, die in ihm ist. Alle Nachahmung in moralischen Dingen und im Leben ist von Uebel. Durch die Strassen Jerusalems schleppt sich heutigen Tages ein Wahnsinniger, der ein hölzernes Kreuz auf den Schultern trägt. Er ist ein Symbol der Leben, die die Nachahmung verkrüppelt hat. Vater Damien war christusgleich, als er hinausging und mit den Aussätzigen lebte, weil er in diesem Dienst völlig verwirklichte, was Bestes in ihm war. Aber er war nicht mehr christusgleich als Wagner, der seine Seele in der Musik verwirklichte, oder als Shelley, der die Verwirklichung seiner Seele im Liede fand. Es gibt nicht nur einen Typus des Menschen. Es gibt so viele Vollendungen, als es unvollkommene Menschen gibt. Den Anforderungen des Mitleids kann ein Mann nachgeben und doch frei sein; den Ansprüchen aber, die alle gleich machen wollen, kann niemand nachgeben und dabei frei bleiben.

Zum Individualismus also werden wir durch den Sozialismus kommen. Es liegt in der Natur der Sache, dass der Staat das Regieren ganz und gar sein lassen muss. Er muss es sein lassen; denn, wie ein weiser Mann einst viele Jahrhunderte vor Christus gesagt hat, so etwas, wie die Menschheit in Ruhe lassen, gibt es; aber so etwas, wie die Menschheit regieren, gibt es nicht. *Alle Arten, regieren zu wollen, sind verkehrt.* Der Despotismus ist ungerecht gegen jedermann, den Despoten inbegriffen, der wahrscheinlich für Besseres bestimmt war. Oligarchien sind ungerecht gegen die vielen, und Ochlokratien sind ungerecht gegen die wenigen. Grosse Hoffnungen setzte man einst auf die Demokratie; aber Demokratie bedeutet lediglich, dass das Volk durch das Volk für das Volk niedergeknüppelt wird. Man ist dahinter gekommen. Ich muss sagen, dass es hohe Zeit war, denn jede autoritäre Gewalt ist ganz entwürdigend. Sie entwürdigt die, die sie ausüben, und ebenso die, über die sie ausgeübt wird. Wenn sie gewalttätig, roh und grausam verfährt, bringt sie eine gute Wirkung hervor, indem sie den Geist der Rebellion und des Individualismus erzeugt oder wenigstens hervorruft, der ihr ein Ende machen wird. Wenn sie in einer gewissen freundlichen Weise verfährt und Belohnungen und Preise verleiht, ist sie schrecklich entsittlichend. Die Menschen merken dann den schrecklichen Druck, der auf ihnen lastet, weniger und gehen in einer Art gemeinen Behagens durchs Leben und wie gehätschelte Haustiere, und sie merken nie, dass sie anderer Leute Gedanken denken, dass sie nach anderer Leute Normen leben, dass sie wahrhaftig anderer Leute abgelegte Kleider tragen und nie einen einzigen Augenblick lang sie selbst sind. »Wer frei sein will,« sagt ein grosser Denker, »muss Dissident sein.« Die Autorität aber, die die Menschen dazu bringt sich zu nivellieren und anzupassen, erzeugt unter uns eine sehr rohe Art satter Barbarei.

Mit der autoritären Gewalt wird die Justiz verschwinden. Das wird ein grosser Gewinn sein – ein Gewinn von wahrhaft unberechenbarem Wert. Wenn man die Geschichte erforscht, nicht in den gereinigten Ausgaben, die für Volksschüler und Gymnasiasten veranstaltet sind, sondern in den echten Quellen aus der jeweiligen Zeit, dann wird man völlig von Ekel erfüllt, nicht wegen der Taten der Verbrecher, sondern wegen der Strafen, die die Guten auferlegt haben; *und eine Gemeinschaft wird unendlich mehr durch das gewohnheitsmässige Verhängen von Strafen verroht als durch das gelegentliche Vorkommen von Verbrechen.* Daraus ergibt sich von selbst, dass je mehr Strafen verhängt werden, um so mehr Verbrechen hervorgerufen werden, und die meisten Gesetzgebungen unserer Zeit haben dies durchaus anerkannt und es sich zur Aufgabe gemacht, die Strafen, soweit sie es für angängig hielten, einzuschränken. Überall, wo sie wirklich eingeschränkt wurden, waren die Ergebnisse äusserst gut. Je weniger Strafe, um so weniger Verbrechen. Wenn es überhaupt keine Strafe mehr gibt, hört das Verbrechen entweder auf, oder, falls es noch vorkommt, wird es als eine sehr bedauerliche Form des Wahnsinns, die durch Pflege und Güte zu heilen ist, von Ärzten behandelt werden. Denn was man heutzutage Verbrecher nennt, sind überhaupt keine Verbrecher. Entbehrung nicht Sünde ist die Mutter des Verbrechens unserer Zeit. Das ist in der Tat der Grund, warum unsere Verbrecher als Klasse von einem irgend psychologischen Standpunkt aus so völlig uninteressant sind. Sie sind keine erstaunlichen Macbeths und schrecklichen Vautrins. Sie sind lediglich das, was gewöhnliche respektable Dutzendmenschen wären, wenn sie nicht genug zu essen hätten. Wenn das Privateigentum abgeschafft ist, wird es keine Notwendigkeit und keinen Bedarf für Verbrechen geben; sie werden verschwinden. Natürlich sind nicht alle Verbrechen Verbrechen gegen das Eigentum, obwohl das die Verbrechen sind, die das englische Gesetz, das dem, was ein Mensch hat, mehr Wert beimisst als dem, was er ist, mit der grausamsten und fürchterlichsten Strenge bestraft, wofern wir vom Mord absehen und den Tod für ebenso schlimm halten wie das Zuchthaus, worüber unsere Verbrecher, glaube ich, anderer Meinung sind. Aber wenn auch ein Verbrechen nicht gegen das Eigentum gerichtet ist, kann es doch aus dem Elend und der Wut und der Erniedrigung entstehen, die unsere verkehrte Privateigentumswirtschaft hervorbringen, und wird so nach der Abschaffung dieses Systems verschwinden. Wenn jedes Glied der Gemeinschaft soviel hat, als es braucht und von seinen Mitmenschen nicht behelligt wird, hat es kein Interesse daran, andern lästig zu werden. Der Neid, dem im Leben unserer Zeit ausserordentlich viele Verbrechen entspringen, ist ein Gefühl, das mit unseren Eigentumsbegriffen eng verbunden ist; im Reiche des Sozialismus und Individualismus wird er verschwinden. Es ist bemerkenswert, dass der Neid bei kommunistischen Stämmen völlig unbekannt ist.

Wenn nun der Staat nicht zu regieren hat, kann gefragt werden, was er zu tun hat. Der Staat wird eine freiwillige Vereinigung sein, die die Arbeit organisiert und der Fabrikant und Verteiler der notwendigen Güter ist. *Der Staat hat das Nützliche zu tun. Das Individuum hat das Schöne zu tun.* Und da ich das Wort Arbeit gebraucht habe, will ich nicht unterlassen zu bemerken, dass heutzutage sehr viel Unsinn über die Würde der körperlichen Arbeit geschrieben und gesprochen wird. An der körperlichen Arbeit ist ganz und gar nichts notwendig Würdevolles, und meistens ist sie ganz und gar entwürdigend. Es ist geistig und moralisch genommen schimpflich für den Menschen, irgend etwas zu tun, was ihm keine Freude macht, und viele Formen der Arbeit sind ganz freudlose Beschäftigungen und sollten dafür gehalten werden. Einen kotigen Strassenübergang bei scharfem Ostwind acht Stunden im Tag zu fegen ist eine widerwärtige Beschäftigung. Ihn mit geistiger, moralischer oder körperlicher Würde zu fegen, scheint mir unmöglich. Ihn freudig zu fegen, wäre schauderhaft. Der Mensch ist zu etwas Besserem da, als Schmutz zu entfernen. Alle Arbeit dieser Art müsste von einer Maschine besorgt werden.

Und ich zweifle nicht, dass es so kommen wird. Bis jetzt war der Mensch bis zu gewissem Grade der Sklave der Maschine, und es liegt etwas Tragisches in der Tatsache, dass der Mensch, sowie er eine Maschine erfunden hatte, die ihm seine Arbeit abnahm, Not zu leiden begann. Das kommt indessen natürlich von unserer Eigentums- und Konkurrenzwirtschaft. Ein Einzelner ist der Eigentümer einer Maschine, die die Arbeit von fünfhundert Menschen tut. Fünfhundert Menschen sind infolgedessen beschäftigungslos; und da man ihre Arbeit nicht braucht, sind sie dem Hunger preisgegeben und legen sich auf den Diebstahl. Der Einzelne eignet sich das Produkt der Maschine an und behält es und hat fünfhundertmal soviel als er haben sollte, und wahrscheinlich, was viel wichtiger ist, bedeutend mehr, als er tatsächlich braucht. Wäre diese Maschine das Eigentum aller, so hätte jedermann Nutzen davon. Sie wäre der Gemeinschaft von grösstem Vorteil. Jede rein mechanische, jede eintönige und dumpfe Arbeit, jede Arbeit, die mit widerlichen Dingen zu tun hat und den Menschen in abstossende Situationen zwingt, muss von der Maschine getan werden. Die Maschine muss für uns in den Kohlengruben arbeiten und gewisse hygienische Dienste tun und Schiffsheizer sein und die Strassen reinigen und an Regentagen Botendienste tun und muss alles tun, was unangenehm ist. *Jetzt verdrängt die Maschine den Menschen. Unter richtigen Zuständen wird sie ihm dienen.* Es ist durchaus kein Zweifel, dass das die Zukunft der Maschine ist, und ebenso wie die Bäume wachsen, während der Landwirt schläft, so wird die Maschine, während die Menschheit sich der Freude oder edler Musse hingibt – Musse, nicht Arbeit, ist das Ziel des Menschen – oder schöne Dinge schafft oder schöne Dinge liest, oder einfach die Welt mit bewundernden und geniessenden Blicken umfängt, alle notwendige und unangenehme Arbeit verrichten. Es steht so, dass die Kultur Sklaven braucht. Darin hatten die Griechen ganz recht. Wenn es keine Sklaven gibt, die die widerwärtige, abstossende und langweilige Arbeit verrichten, wird Kultur und Beschaulichkeit fast unmöglich. Die Sklaverei von Menschen ist ungerecht, unsicher und entsittlichend. Von mechanischen Sklaven, von der Sklaverei der Maschine hängt die Zukunft der Welt ab. Und wenn gebildete und gelehrte Männer es nicht länger nötig haben, in ein fürchterliches Armenviertel hinabzusteigen und schlechten Kakao und noch schlechtere Decken an halbvérhungerte Menschen zu verteilen, so werden sie eben köstliche

Musse haben, wundervolle und herrliche Dinge zu ihrer eigenen und aller andern Freude zu ersinnen. Es wird grosse Kraftstationen für jede Stadt und, wenn nötig, für jedes Haus geben, und diese Kraft wird der Mensch je nach Bedarf in Wärme, Licht oder Bewegung verwandeln. Ist dies utopisch? Eine Weltkarte, in der das Land Utopia nicht verzeichnet ist, verdient keinen Blick, denn sie lässt die eine Küste aus, wo die Menschheit ewig landen wird. Und wenn die Menschheit da angelangt ist, hält sie Umschau nach einem besseren Land und richtet ihre Segel dahin. Der Fortschritt ist die Verwirklichung von Utopien.

Ich habe also gesagt: die Gemeinschaft sorgt mit Hilfe der Organisation der Maschinenarbeit für die nützlichen Dinge, und die schönen Dinge werden vom Individuum hergestellt. Das ist nicht bloss notwendig, sondern der einzig mögliche Weg, um das eine wie das andere zu erreichen. Ein Individuum, das Dinge für den Gebrauch anderer zu machen und auf ihre Bedürfnisse und Wünsche Rücksicht zu nehmen hat, arbeitet nicht mit Interesse und kann also in sein Werk nicht das Beste hineinlegen, das es in sich hat. Ueberall andrerseits, wo eine Gemeinschaft oder eine mächtige Gesellschaftsschicht oder irgend eine Regierung den Versuch macht, dem Künstler vorzuschreiben, was er tun soll, geht die Kunst entweder völlig zugrunde oder wird stereotyp oder verfällt zu einer niedrigen und gemeinen Form des Handwerks. Ein Kunstwerk ist ein einziges Ergebnis eines einzigen Temperamentes. Seine Schönheit entspringt der Tatsache, dass der Künstler ist, was er ist. Es hat nichts mit der Tatsache zu tun, dass andere brauchen, was sie brauchen. In der Tat hört ein Künstler in dem Augenblick, wo er den Bedürfnissen anderer Beachtung schenkt und den Bedarf zu befriedigen sucht, auf ein Künstler zu sein und wird ein trauriger oder amüsanter Handwerker, ein ehrbarer oder unehrlicher Handelsmann. Er hat keinen Anspruch mehr darauf, als Künstler zu gelten. Die Kunst ist die intensivste Art Individualismus, die die Welt kennt. Ich bin geneigt zu sagen, sie sei die einzige wirkliche Art Individualismus, die die Welt kennt. Das Verbrechen, das unter bestimmten Umständen den Individualismus zu erzeugen scheinen kann, muss von andern Menschen Kenntnis nehmen und sich um sie kümmern. Es gehört zum Bereich des Handelns. Aber der Künstler kann allein ohne sich um seine Mitmenschen zu kümmern und ohne jede Einmischung etwas Schönes gestalten, und wenn er es nicht lediglich zu seiner eigenen Lust tut, ist er überhaupt kein Künstler.

Und es ist zu beachten, dass gerade die Tatsache, dass die Kunst eine so intensive Form des Individualismus ist, das Publikum zu dem Versuch bringt, über sie eine Autorität auszuüben, die ebenso unmoralisch wie lächerlich und ebenso korrumpierend wie verächtlich ist. Es ist nicht ganz seine Schuld. Das Publikum ist immer, zu allen Zeiten, schlecht erzogen worden. Sie verlangen fortwährend, die Kunst solle populär sein, solle ihrer Geschmacklosigkeit gefallen, ihrer törichten Eitelkeit schmeicheln, ihnen sagen, was ihnen früher gesagt wurde, ihnen zeigen, was sie müde sein sollten zu sehen, sie amüsieren, wenn sie nach zu reichlichem Essen schwermütig geworden sind, und ihre Gedanken zerstreuen, wenn sie ihrer eigenen Dummheit überdrüssig sind. *Die Kunst aber dürfte nie populär sein wollen. Das Publikum müsste versuchen, künstlerisch zu werden.* Das ist ein sehr grosser Unterschied. Wenn man einem Forscher sagte, die Ergebnisse seiner Experimente, und die Schlüsse, zu denen er gelangte, müssten dergestalt sein, dass sie die hergebrachten populären Vorstellungen über den Gegenstand nicht umstürzten, oder das populäre Vorurteil nicht verwirrten, oder die Empfindlichkeiten von Leuten nicht störten, die nichts von der Wissenschaft verstehen: wenn man einem Philosophen sagte, er habe ein vollkommenes Recht, in den höchsten Sphären des Denkens zu spekulieren, vorausgesetzt, dass er zu denselben Schlüssen käme, wie sie bei denen in Geltung sind, die überhaupt niemals in irgend einer Sphäre gedacht haben – nun, heutzutage würden der Forscher und der Philosoph beträchtlich darüber lachen. Aber es ist in der Tat nur sehr wenige Jahre her, dass Philosophie wie Wissenschaft der rohen Volksherrschaft und in Wirklichkeit der Autorität unterworfen waren – entweder der Autorität der in der Gemeinschaft herrschenden allgemeinen Unwissenheit oder der Schreckensherrschaft und der Machtgier einer kirchlichen oder Regierungsgewalt. Nun sind wir zwar bis zu sehr hohem Grade alle Versuche von Seiten der Gemeinschaft oder der Kirche oder der Regierung, sich in den Individualismus des spekulativen Denkens einzumischen, losgeworden, aber das Unterfangen, sich in den Individualismus der Phantasie und der Kunst einzumischen, ist immer noch am Leben.

Oder vielmehr: es lebt noch sehr lebhaft: es ist aggressiv, gewalttä-tig und brutal.

In England sind die Künste am besten daran, an denen das Publikum kein Interesse nimmt. Die Lyrik ist ein Beispiel für das, was ich meine. Wir haben in England eine Lyrik voller Schönheit haben können, weil das Publikum sie nicht liest und daher auch nicht beeinflusst. Das Publikum liebt es, die Poeten zu beschimpfen, weil sie indivi-duell sind; aber nachdem das erledigt ist, lässt es sie in Ruhe. Im Fall des Romans und des Dramas, an welchen Künsten das Publi-kum Interesse nimmt, war das Ergebnis der Ausübung der Volksau-torität absolut lächerlich. Kein Land liefert so jämmerlich geschrie-bene Belletristik, so widerwärtige gemeine Arbeit in Romanform, so alberne, pöbelhafte Stücke wie England. Es ist Notwendigkeit, dass es so ist. Der Massstab des Volkes ist so beschaffen, dass kein Künstler ihm entsprechen kann. Es ist beides: zu leicht und zu schwer, ein populärer Romanschreiber zu sein. Es ist zu leicht, weil die Anforderungen des Publikums, soweit Fabel, Stil, Psychologie, Behandlung des Lebens und der Literatur in Frage kommen, von der kleinsten Begabung und dem ungebildetsten Geist erfüllt wer-den können. Es ist zu schwer, weil der Künstler, um solchen Anfor-derungen zu entsprechen, seinem Temperament Gewalt antun müsste, nicht um der künstlerischen Freude am Schreiben willen arbeiten dürfte, sondern zu dem Zweck, schlechterzogene Leute zu amüsieren, und so seine Individualität unterdrücken, seine Kultur vergessen, seinen Stil austilgen und alles Wertvolle in sich vernich-ten müsste. Mit dem Drama steht es ein bisschen besser: das Thea-terpublikum liebt allerdings das Alltägliche, aber es liebt nicht das Langweilige; und die burleske Komödie und die Posse, die beiden populärsten Formen, sind ausgesprochene Formen der Kunst. Ent-zückende Sachen können in Form der Burleske und der Posse ge-schrieben werden, und bei Arbeiten dieser Art sind dem Künstler in England grosse Freiheiten erlaubt. Erst wenn man zu den höheren Formen des Dramas kommt, ist das Resultat der Volksherrschaft zu sehen. Was dem Publikum am meisten missfällt, ist Neuheit. Jeder Versuch, das Stoffgebiet der Kunst zu erweitern, ist dem Publikum äusserst zuwider; und doch hängt Leben und Fortschritt der Kunst in hohem Masse von der fortwährenden Erweiterung des Stoffge-bietes ab. Dem Publikum missfällt die Neuheit, weil es Angst davor hat. Sie stellt ihm eine Art Individualismus vor, eine Behauptung von seiten des Künstlers, dass er seinen eigenen Stoff wählt und ihn behandelt, wie es ihn gut dünkt. Das Publikum hat mit seiner Haltung ganz recht. Die Kunst ist Individualismus, und der Individualismus ist eine zerstörende und zersetzende Kraft. Darin liegt seine ungeheure Bedeutung. Denn was er zu zerstören sucht, ist die Eintönigkeit des Typus, die Sklaverei der Gewohnheit, die Tyrannei der Sitte und die Erniedrigung des Menschen auf die Stufe einer Maschine. In der Kunst lässt sich das Publikum gefallen, was gewesen ist, weil sie es nicht ändern können, nicht weil sie Geschmack daran finden. Sie verschlucken ihre Klassiker mit Haut und Haar und sie schmecken ihnen nie. Sie ertragen sie als das Unvermeidliche, und da sie sie nicht vernichten können, schwatzen sie über sie und ziehen wichtige Gesichter dazu. Sonderbar genug, oder auch nicht sonderbar – je nachdem man einen Standpunkt einnimmt – diese Anerkennung der Klassiker tut grossen Schaden. Die unkritische Bewunderung der Bibel und Shakespeares in England ist ein Beispiel für das, was ich meine. Bei der Bibel übt die kirchliche Autorität einen Einfluss aus, so dass ich dabei nicht zu verweilen brauche.

Aber im Fall Shakespeares ist es ganz offenbar, dass das Publikum in Wirklichkeit weder die Schönheiten noch die Schwächen seiner Stücke sieht. Wenn sie die Schönheiten sähen, würden sie sich der Weiterentwicklung des Dramas nicht entgegenstellen; und wenn sie die Schwächen sähen, würden sie sich ebenfalls der Weiterentwicklung des Dramas nicht entgegenstellen. *Tatsächlich benutzt das Publikum die Klassiker eines Landes als Mittel, den Fortschritt der Kunst zu hindern.* Sie degradieren die Klassiker zu Autoritäten. Sie benutzten sie als Knüppel, um den freien Ausdruck der Schönheit in neuen Formen zu hindern. Sie fragen jeden Schriftsteller, warum er nicht wie der oder jener schreibt, jeden Maler, warum er nicht wie der oder jener malt, und vergessen ganz die Tatsache, dass jeder, der etwas der Art täte, aufhörte, ein Künstler zu sein. Eine frische Gestalt der Schönheit ist ihnen durchaus zuwider, und jedesmal, wenn sie erscheint, werden sie so aufgebracht und bestürzt, dass sie immer dieselben zwei Arten sich auszudrücken haben – die eine ist, das Kunstwerk sei heillos unverständlich, und die andere, das Kunstwerk sei heillos unmoralisch. Was sie mit diesen Worten meinen, scheint mir folgendes zu sein. Wenn sie sagen ein Werk sei heillos unverständlich, meinen sie, der Künstler habe etwas Schönes gesagt oder vollbracht, das neu ist; wenn sie ein Werk als heillos unmoralisch bezeichnen, meinen sie, der Künstler habe etwas Schönes gesagt oder vollbracht, das wahr ist. Der erste Ausdruck bezieht sich auf den Stil, der zweite auf den Gegenstand. Aber gewöhnlich gebrauchen sie die Worte ganz unbestimmt, wie ein gewöhnlicher Pöbel fertige Pflastersteine benutzt. Es gibt zum Beispiel nicht einen einzigen wirklichen Dichter oder Prosaisten in diesem Jahrhundert, dem das britische Publikum nicht feierlich das Diplom für Unmoral überreicht hat, und diese Diplome haben in der Tat in England die Bedeutung, die in Frankreich die formelle Aufnahme in die Akademie hat, so dass gottlob die Einführung einer solchen Institution in England ganz überflüssig ist. Natürlich ist das Publikum sehr wahllos in seiner Anwendung des Wortes. Dass sie Wordsworth einen unmoralischen Dichter nannten, war nur zu erwarten. Wordsworth war ein Dichter. Aber dass sie Charles Kingsley einen unmoralischen Romanschreiber genannt haben, ist erstaunlich. Kingsleys Prosa war nicht sonderlich gut. Nun das Wort ist da, und sie benutzen es, so gut sie können. Ein Künstler lässt sich natürlich dadurch nicht beirren. Der wahre Künstler ist ein Mensch, der durchaus an sich glaubt, weil er durchaus er selbst ist. Aber ich kann mir vorstellen, dass ein Künstler, wenn er in England ein Kunstwerk veröffentlicht hätte, das gleich bei seinem Erscheinen vom Publikum vermittelst der Presse als ganz verständliches und hochmoralisches Werk anerkannt worden wäre, anfinge sich ernsthaft zu fragen, ob er bei seiner Schöpfung wirklich überhaupt er selbst gewesen sei und ob also das Werk nicht ganz seiner unwürdig und entweder durchaus zweiten Ranges oder ganz und gar ohne künstlerischen Wert sei.

Zwei andere Adjektive sind übrigens in den paar letzten Jahren dem sehr knappen Schimpflexikon zugefügt worden, das dem Publikum gegen die Kunst zur Verfügung steht. Das eine ist das Wort »ungesund«, das andere das Wort »exotisch«. Dies letztere drückt nur die Wut des vergänglichen Pilzes gegen die unsterbliche, berauschend schöne und unbeschreiblich liebliche Orchidee aus. Es ist eine Huldigung, aber eine Huldigung ohne besondere Bedeutung. Das Wort »ungesund« jedoch lässt eine Untersuchung zu. Es ist ein recht interessantes Wort. Es ist in der Tat so interessant, dass die Leute, die es anwenden, nicht wissen, was es bedeutet. Was bedeutet es? Was ist ein gesundes, und was ein ungesundes Kunstwerk? Alle Ausdrücke, die man auf ein Kunstwerk anwendet, vorausgesetzt, dass man sie vernünftig anwendet, beziehen sich entweder auf seinen Stil, oder auf seinen Gegenstand oder auf beide zugleich. Hinsichtlich des Stils ist ein Kunstwerk gesund, wenn sein Stil die Schönheit des Materials, das es verwendet, erkennen lässt, bestehe es nun aus Worten oder aus Bronze, aus Farben oder aus Elfenbein, und wenn es diese Schönheit als Mittel zur Erzeugung der ästhetischen Wirkung benutzt. Hinsichtlich des Gegenstandes ist ein Kunstwerk gesund, wenn die Wahl dieses Gegenstandes vom Temperament des Künstlers bedingt ist und unmittelbar aus ihm entspringt. Kurz, ein Kunstwerk ist gesund, wenn es sowohl Vollendung wie Persönlichkeit hat. Natürlich können Form und Inhalt bei einem Kunstwerke nicht getrennt werden; sie sind immer eins. Aber für die Zwecke der Untersuchung können wir für einen Augenblick die Ungeteiltheit des ästhetischen Eindrucks übersehen und sie also im Verstande getrennt betrachten. Ungesund ist andrerseits ein Kunstwerk, wenn sein Stil gewöhnlich, hergebracht und vulgär ist, und wenn sein Gegenstand sorgsam ausgewählt ist, nicht weil der Künstler seine Freude daran hat, sondern weil er denkt, das Publikum werde ihn dafür bezahlen. *In der Tat ist der populäre Roman, den das Publikum gesund nennt, immer ein durchaus ungesundes Produkt; und was das Publikum einen ungesunden Roman nennt, ist immer ein schönes und gesundes Kunstwerk.*

Vielleicht jedoch habe ich dem Publikum unrecht getan, als ich seinen Wortschatz auf Ausdrücke wie »unmoralisch«, »unverständlich«, »exotisch« und »ungesund« beschränkte. Es gibt noch ein anderes Wort, das sie anwenden. Es lautet: »dekadent«. Sie wenden es nicht oft an. Der Sinn des Wortes ist so deutlich, dass sie sich scheuen, es oft zu gebrauchen. Aber immerhin gebrauchen sie es manchmal, und hie und da trifft man es in den Tageszeitungen. Es ist natürlich in Anwendung auf ein Kunstwerk ein lächerliches Wort. Denn was ist Dekadenz anders als eine Seelenstimmung oder ein Gedankengang, den man nicht ausdrücken kann? Die Publikumsmenschen sind alle dekadent, denn das Publikum kann für nichts einen Ausdruck finden. *Der Künstler ist nie dekadent. Er drückt alles aus.* Er steht jenseits seines Gegenstandes und bringt durch ihn unvergleichliche und künstlerische Wirkungen hervor. Einen Künstler dekadent zu nennen, weil er die Dekadenz als Gegenstand behandelt, ist ebenso albern, als wenn einer Shakespeare verrückt nennen wollte, weil er den »König Lear« geschrieben hat.

Im ganzen gewinnt der Künstler in England etwas, wenn er angegriffen wird. Seine Individualität wird intensiver. Er wird vollständiger er selbst. Natürlich sind die Angriffe sehr grob, sehr unverschämt und sehr verächtlich. Aber schliesslich erwartet kein Künstler vom vulgären Geist Grazie und ebensowenig Stil vom Vorstadtintellekt. Gemeinheit und Dummheit sind im Leben unserer Zeit zwei sehr lebendige Erscheinungen. Man bedauert sie natürlich. Aber sie sind einmal da. Sie sind ein Gegenstand der Beobachtung, wie andere Dinge auch. Und es ist nur loyal, wenn hinsichtlich der Journalisten unserer Zeit konstatiert wird, dass sie einen Künstler immer unter vier Augen um Entschuldigung für das bitten, was sie öffentlich gegen ihn geschrieben haben.

Ich brauche kaum zu sagen, dass ich mich nicht einen Augenblick lang darüber beklage, dass das Publikum und die öffentliche Presse diese Worte missbrauchen. Ich sehe nicht ein, wie sie bei ihrem Mangel an Verständnis für das, was die Kunst ist, sich irgendwie richtig ausdrücken könnten. Ich stelle bloss den Missbrauch fest, und die Erklärung für seinen Ursprung und für die Bedeutung der ganzen Erscheinung ist sehr einfach. Sie geht auf den barbarischen Begriff der Autorität zurück. Sie geht zurück auf die natürliche Unfähigkeit einer Gemeinschaft, die durch die autoritäre Herrschaft verderbt ist, den Individualismus zu verstehen oder zu schätzen. Mit einem Wort, der Missbrauch kommt von dem ungeheuerlichen und unwissenden Gebilde, das man öffentliche Meinung nennt, die schlimm und wohlwollend ist, wenn sie den Versuch macht, das Handeln der Menschen zu beherrschen, die aber infam und übelwollend wird, wenn sie versucht, in die Sphäre des Geistes oder der Kunst überzugreifen.

Es ist in der Tat viel mehr zugunsten der physischen Gewalt des Volkes zu sagen als zugunsten seiner Meinung. Die erstere kann gut und schön sein. Die letztere muss töricht sein. Man hat oft gesagt, mit Gewalt lasse sich nichts beweisen. Das hängt jedoch ganz davon ab, was man beweisen will. Viele der wichtigsten Probleme der paar letzten Jahrhunderte, wie die Frage der Fortdauer des persönlichen Regiments in England oder des Feudalismus in Frankreich, sind ganz und gar vermittelst der physischen Gewalt gelöst worden. Gerade die Gewalttätigkeit einer Revolution ist es, die das Volk einen Moment lang grossartig und glänzend erscheinen lässt. Es war ein verhängnisvoller Tag, als das Volk entdeckte, dass die Feder mächtiger als der Pflasterstein ist. Nun suchten und fanden sie gleich den Journalisten, bildeten ihn aus und machten ihn zu ihrem eifrigen und gut bezahlten Diener. Es ist für beide Teile sehr zu bedauern. Hinter der Barrikade kann viel Edles und Heroisches stehen. Aber was steht hinter dem Leitartikel als Vorurteil, Dummheit, Heuchelei und Geschwätz? Und wenn diese vier zusammentreffen, machen sie eine fürchterliche Macht aus und bilden die neue autoritäre Gewalt.

In früheren Zeiten hatten die Menschen die Folter. Jetzt haben sie die Presse. Gewiss, das ist ein Fortschritt. Aber es ist doch noch sehr schlimm und demoralisierend. Jemand – war es Burke? – hat den Journalismus den vierten Stand genannt. Das war seinerzeit ohne Frage wahr. Aber in unserer Zeit ist es tatsächlich der einzige Stand. Er hat die andern drei aufgefressen. Der weltliche Adel sagt nichts, die Bischöfe haben nichts zu sagen, und das Haus der Gemeinen hat nichts zu sagen und sagt es. Der Journalismus beherrscht uns. In Amerika ist der Präsident vier Jahre am Regiment, und der Journalismus herrscht für immer und ewig. Zum Glück hat in Amerika der Journalismus seine Herrschaft bis zur äussersten Roheit und Brutalität getrieben. Als natürliche Folge hat er angefangen, einen Geist der Auflehnung hervorzurufen. Man lacht über ihn oder wendet sich mit Ekel ab, je nach dem Temperament. Aber er ist nicht mehr die tatsächliche Macht, die er war. Man nimmt ihn nicht ernst. Bei uns spielt der Journalismus, da er, von einigen bekannten Fällen abgesehen, nicht solche Exzesse der Gemeinheit begangen hat, noch eine grosse Rolle und ist eine tatsächlich bedeutende Macht. Die Tyrannei, die er über das Privatleben der Menschen ausüben möchte, scheint mir ganz ausserordentlich zu sein. *Sie kommt daher, dass das Publikum eine unersättliche Neugier hat, alles zu wissen, es sei denn das Wissenswerte.* Der Journalismus, dem diese Tatsache bekannt ist, befriedigt die Nachfrage, wie es der Kaufmann eben zu tun pflegt.

In früheren Jahrhunderten nagelte das Publikum den Journalisten die Ohren an die Pumpe. Das war recht hässlich. In unserm Jahrhundert nageln die Journalisten ihr eigenes Ohr ans Schlüsselloch. Das ist weit übler. Und was den Unfug verschlimmert, ist die Tatsache, dass die Journalisten, die am meisten Tadel verdienen, nicht die Spassmacher sind, die für die Klatschblätter schreiben. Am schädlichsten sind die ernsthaften und gedankenschweren Journalisten, die feierlich, wie es jetzt ihre Gepflogenheit ist, einen Vorfall aus dem Privatleben eines grossen Staatsmannes, eines Mannes, der der Träger eines politischen Gedankens und der Schöpfer einer politischen Macht ist, vor die Augen des Publikums zerren und es einladen, den Vorfall zu erörtern, in der Sache seine Autorität geltend zu machen, seine Ansicht zu äussern, und nicht bloss zu äussern, sondern sie auch in Handlung umzusetzen, dem Mann gegenüber in allen anderen Sachen, und nicht nur ihm, auch seiner Partei, seinem Lande gegenüber den Diktator zu spielen, kurz, sich lächerlich, lästig und schädlich zu machen. Aus dem Privatleben von Männern und Frauen sollte dem Publikum nichts mitgeteilt werden. Es geht das Publikum durchaus nichts an. In Frankreich sieht es um diese Dinge besser aus. Da ist es nicht statthaft, dass die Einzelheiten der Verhandlungen in Ehescheidungsprozessen zum Vergnügen oder zur Lästersucht des Publikums veröffentlicht werden. Das Publikum darf nichts weiter erfahren, als dass die Scheidung auf Grund des Antrages des einen oder des anderen der beiden Gatten oder beider ausgesprochen wurde. In Frankreich wird tatsächlich der Journalist beschränkt und dem Künstler fast vollkommene Freiheit gewährt. *In England hat der Journalist absolute Freiheit, und der Künstler wird völlig beschränkt.* Die englische öffentliche Meinung, das muss gesagt werden, sucht den Mann, der tatsächlich Schönes erzeugt, zu fesseln und zu hindern und zu verkrüppeln, und zwingt den Journalisten Dinge breitzutreten, die hässlich und widerwärtig und empörend sind, so dass wir die ernsthaftesten Journalisten der Welt und die unanständigsten Zeitungen haben. Es ist keine Übertreibung, von Zwang zu sprechen. Es gibt möglicherweise einige Journalisten, denen die Veröffentlichung hässlicher Dinge Vergnügen macht, oder die so arm sind, dass sie auf der Lauer nach Skandalen liegen, die eine Art dauernde Einkommensgrundlage bilden. Aber es gibt nach meiner Überzeugung andere Journalisten, gebildete und wohlerzogene Männer, denen die Veröffentlichung dieser

Dinge wirklich zuwider ist, die wissen, dass es unrecht ist es zu tun, und die es nur tun, weil die ungesunden Verhältnisse, unter denen sie ihrer Beschäftigung nachgehen, sie zwingen, dem Publikum das zu liefern, was das Publikum haben will, und mit anderen Journalisten zu wetteifern, um dem rohen Appetit der Leute möglichst viel und möglichst Starkes zu liefern. Es ist eine sehr entwürdigende Stellung für jeden gebildeten Menschen, und ich zweifle nicht, dass die meisten es lebhaft empfinden.

Wir wollen indessen diese wirklich schmutzige Seite der Sache verlassen und zu der Frage der Volksherrschaft in Sachen der Kunst zurückkehren, worunter ich die öffentliche Meinung verstehe, die dem Künstler die Form vorschreibt, die er anwenden soll, und die Art und Weise, wie er es tun soll, und das Material, mit dem er arbeiten soll. Ich habe gesagt, dass die Künste in England am besten daran sind, an denen das Publikum kein Interesse nimmt. Am Drama jedoch nimmt es Interesse, und da in den letzten zehn oder fünfzehn Jahren im Drama gewisse Fortschritte erreicht worden sind, ist es wichtig, festzustellen, dass dieser Fortschritt ganz und gar einigen individuellen Künstlern zu verdanken ist, die es ablehnten, die Geschmacklosigkeit der Menge zu ihrer Norm zu machen und die Kunst als blosse Sache von Angebot und Nachfrage zu betrachten. Mit seiner glänzenden und lebendigen Persönlichkeit, mit einem Stil, der tatsächlich farbenprächtig ist, mit seiner ungewöhnlichen Macht nicht zu blosser Nachahmung, sondern zu phantasievoller und geistesstarker Schöpfung hätte Herr Irving, wenn sein einziger Zweck gewesen wäre, dem Publikum zu Willen zu sein, die gemeinsten Stücke in der gemeinsten Manier spielen können und hätte dabei soviel Erfolg und Geld eingeheimst, als jemand irgend verlangen kann. Aber das war nicht sein Zweck. Sein Zweck war, seine eigene Vollkommenheit als Künstler unter bestimmten Bedingungen und in einer bestimmten Kunstform zu verwirklichen. Zuerst wandte er sich an die wenigen: jetzt hat er die vielen erzogen. Er hat im Publikum Geschmack und Temperament gebildet. Das Publikum würdigt seinen künstlerischen Erfolg ungemein. Ich frage mich indessen oft, ob das Publikum es weiss, dass dieser Erfolg lediglich der Tatsache zu verdanken ist, dass er nicht ihren Massstab anlegte, sondern seinen eigenen durchsetzte. Mit ihrem Massstab wäre das Lyceum-Theater eine Bude zweiten Ranges geworden, wie es einige populäre Theater in London zur Zeit sind. Ob sie es wissen oder nicht, es bleibt jedenfalls Tatsache, dass bis zu einem gewissen Grad im Publikum Geschmack und Temperament ausgebildet worden sind und dass das Publikum die Anlage hat, diese Eigenschaften aus sich zu entwickeln. Das Problem ist also: warum bekommt das Publikum nicht mehr Kultur? Es hat die Anlage. Was steht im Wege?

Was im Wege steht, noch einmal sei es gesagt, ist ihr Verlangen, über Künstler und Kunstwerke eine autoritäre Gewalt auszuüben. In manche Theater, wie das Lyceum- und das Haymarket-Theater, scheint das Publikum in geeigneter Verfassung zu kommen. In diesen beiden Theatern hat es individuelle Künstler gegeben, denen es gelungen ist, in ihrem Zuhörerkreis – jedes Londoner Theater hat seinen eigenen Zuhörerkreis – das Temperament zu erzeugen, an das die Kunst sich wendet. Was für ein Temperament ist das nun? Es ist das Temperament der Empfänglichkeit. Das ist alles.

Wenn jemand an ein Kunstwerk mit dem Verlangen herantritt, irgend eine autoritäre Gewalt darüber oder über den Künstler auszuüben, so ist er von einem Geist besessen, der ihn unfähig macht, überhaupt irgend welchen künstlerischen Eindruck zu empfangen. *Das Kunstwerk muss den Betrachter überwältigen: der Betrachter darf nicht das Kunstwerk überwältigen.* Der Betrachter muss empfänglich sein. Er muss das Instrument sein, auf dem der Meister spielen soll. Und je vollständiger er seine eigenen albernen Ansichten, seine eigenen Vorurteile, seine eigenen törichten dummen Ideen über das, was die Kunst sein soll und nicht sein soll, unterdrücken kann, um so geeigneter ist er, das Kunstwerk zu verstehen und zu würdigen. Das ist natürlich im Fall der Männer und Frauen, die das gewöhnliche Theaterpublikum bilden, ganz selbstverständlich. Aber es gilt ebensosehr für die sogenannten Gebildeten. Denn die Ideen eines Gebildeten über die Kunst sind natürlich aus dem genommen, was die Kunst gewesen ist, wohingegen das neue Kunstwerk dadurch schön ist, dass es ist, was die Kunst nie gewesen ist, und wer es mit dem Massstab des Vergangenen misst, legt einen Massstab an, auf dessen Überwindung gerade seine Vollkommenheit beruht. Ein Temperament, das die Gabe hat, vermittelst der Phantasie und im Reiche der Phantasie neue und schöne Eindrücke aufzunehmen, ist das einzige Temperament, das ein Kunstwerk würdigen kann. Und wenn dies für den Fall der Würdigung der Skulptur und Malerei gilt, so gilt es noch mehr für die Würdigung solcher Künste wie das Drama. Denn ein Gemälde oder eine Statue liegen nicht in Krieg mit der Zeit. Das Nacheinander der Zeit spielt bei ihnen keine Rolle, In einem Moment kann ihre Einheit erfasst werden. Mit der Literatur steht es anders. Es ist Zeit erforderlich, bevor die Einheit der Wirkung erreicht ist. Und so kann im Drama im ersten Akt des Stückes etwas vorfallen, dessen wahre künstlerische Bedeutung dem Zuschauer erst im dritten oder vierten Akt aufgeht. Soll da der alberne Kerl ärgerlich werden und schimpfen und das Stück stören und die Künstler belästigen? Nein. Der ehrenwerte Mann soll ruhig sitzen und die köstlichen Gefühle des Staunens, der Erwartung und der Spannung in sich erfahren. Er soll nicht ins Theater gehen, um seine triviale Laune zu verderben. Er soll ins Theater gehen, um eine künstlerische Stimmung zu verwirklichen. Er soll ins Theater gehen, um eine künstlerische Stimmung, ein künstlerisches Temperament zu gewinnen. Er ist nicht der Richter des Kunstwerks. Er ist einer, der zur Betrachtung des Kunstwerks zugelassen ist und dem es, wenn das Werk schön ist, vergönnt ist, in seiner Betrachtung all den Ichwahn, der ihn quält, zu vergessen – den Ichwahn seiner Unwissenheit und den Ichwahn seiner Bildung. Diese Besonderheit des Dramas ist, glaube ich, noch kaum genug beachtet worden. Ich kann mir wohl vorstellen, dass, wenn »Macbeth« zum erstenmal vor einem modernen Londoner Publikum gespielt würde, viele Anwesende die Einführung der Hexen im ersten Akt mit ihrer grotesken Redeweise und ihren lächerlichen Worten streng und entschieden tadeln würden. Aber wenn das Stück vorbei ist, dann merkt man, dass das Gelächter der Hexen in »Macbeth« so schrecklich ist wie das Gelächter des Wahnsinns in »Lear« und schrecklicher als das Gelächter Jagos in der Tragödie des Mohren. Kein Kunstbetrachter braucht die Stimmung der Empfänglichkeit vollendeter als der Zuschauer im Schauspiel. In dem Augenblick, wo er Autorität auszuüben sucht, wird er der erklärte Feind der Kunst und seiner selbst. Die Kunst macht sich nichts daraus. Er aber leidet darunter.

Mit dem Roman steht es ebenso. Die Autorität der Menge und die Anerkennung dieser Autorität sind verhängnisvoll, Thackerays »Esmond« ist ein schönes Kunstwerk, weil er es zu seiner eigenen

Lust schrieb. In seinen anderen Romanen, in »Pendennis«, in »Philip« und sogar manchmal in »Vanity fair« denkt er zu sehr ans Publikum und verdirbt sein Werk, indem er direkt an die Sympathien des Publikums appelliert, oder sich direkt über es lustig macht. *Ein wahrer Künstler nimmt keinerlei Notiz vom Publikum. Das Publikum existiert nicht für ihn.* Er hat keinen Mohnkuchen oder Honigkuchen, um damit dem Ungeheuer Schlaf oder angenehme Stimmung zu geben. Er überlässt das dem Verfasser populärer Romane. Einen Dichter unvergleichlicher Romane haben wir jetzt in England: George Meredith. Frankreich hat grössere Künstler, aber Frankreich hat keinen, dessen Lebensanschauung so umfassend, so mannigfaltig, so überwiegend wahr ist. Es gibt Erzähler in Russland, deren Sinn für die Bedeutung von Qual und Leiden für die erzählende Dichtung lebhafter ausgebildet ist. Aber er ist der Philosoph der Romandichtung. Seine Gestalten leben nicht nur, sie leben im Geiste. Man kann sie von unendlich vielen Standpunkten aus sehen. Sie sind suggestiv. Es ist Seele in ihnen und um sie. Sie sind aufschliessend und symbolisch. Und der sie geschaffen hat, diese wundervollen beweglichen Gestalten, schuf sie zu seiner eigenen Lust und hat das Publikum nie gefragt, was sie haben wollten, hat dem Publikum nie erlaubt, ihm Vorschriften zu machen oder ihn irgendwie zu beeinflussen, sondern er hat seine eigene Persönlichkeit immer intensiver herausgebildet und hat sein eigenes individuelles Werk geschaffen. Zuerst kam niemand zu ihm. Das machte nichts aus. Dann kamen die wenigen. Das änderte ihn nicht. Jetzt sind die vielen gekommen. Er ist derselbe geblieben. Er ist ein unvergleichlicher Dichter.

Mit den dekorativen Künsten steht es nicht anders. Das Publikum klammerte sich mit wirklich pathetischer Zähigkeit an das, was ich für die unmittelbaren Überlieferungen der grossen Weltausstellung internationaler Gewöhnlichkeit halte, an Überlieferungen, die so schauderhaft waren, dass die Häuser, in denen die Leute lebten, nur für Blinde zum Wohnen geeignet waren. Man fing an, schöne Dinge zu machen, schöne Farben kamen aus den Händen des Färbers, schöne Muster aus dem Hirn des Künstlers, und der Nutzen schöner Dinge und ihr Wert und ihre Bedeutung wurden dargetan. Das Publikum war wirklich sehr aufgebracht. Es wurde wütend. Es sagte Albernheiten. Niemand kehrte sich daran. Niemand war weniger wert. Niemand fügte sich der Autorität der öffentlichen Meinung. Und jetzt ist es fast unmöglich, in ein modernes Haus zu kommen, ohne an irgend einer Stelle den guten Geschmack und den Wert schönen Wohnens anerkannt zu sehen; überall finden sich Anzeichen, dass man weiss, was Schönheit ist. In der Tat sind heutzutage in der Regel die Wohnungen der Leute ganz reizend. Die Leute sind bis zu sehr hohem Grade zivilisiert worden. Loyalerweise muss indessen festgestellt werden, dass der ausserordentliche Erfolg der Revolution in der Wohnungsdekoration, der Möblierung und dergleichen nicht in Wirklichkeit dem Umstand zu verdanken ist, dass die Mehrheit des Publikums einen sehr feinen Geschmack in diesen Dingen bekommen hat. Er war hauptsächlich dem Umstand zu verdanken, dass die Handwerker von solcher Freude erfüllt wurden, schöne Dinge machen zu können, und dass ein so lebhaftes Gefühl von der Hässlichkeit und Gemeinheit dessen in ihnen wach wurde, was das Publikum früher verlangt hatte, dass sie das Publikum mit seinem Geschmack einfach aushungerten. Es wäre zurzeit ganz unmöglich, ein Zimmer so einzurichten, wie es vor einigen Jahren noch eingerichtet wurde, ohne dass man jedes Stück auf einer Versteigerung von alten Möbeln erstände, die aus einem Logierhaus dritten Ranges stammen. Die Sachen werden nicht mehr gemacht. So sehr sie sich dagegen stemmen, die Leute müssen heute schöne Dinge um sich haben. Zu ihrem Glück ging ihr Anspruch auf Autorität in diesen Kunstdingen völlig in die Brüche.

Es ist also offenbar, dass alle Autorität in diesen Dingen von Übel ist. Die Leute fragen manchmal, unter welcher Regierungsform der Künstler am besten lebe. Auf diese Frage gibt es nur eine Antwort. *Die Regierungsform, die für den Künstler am geeignetsten ist, ist: überhaupt keine Regierung.* Autoritäre Gewalt über ihn und seine Kunst ist lächerlich. Es ist behauptet worden, in Despotien hätten Künstler schöne Werke geschaffen. Das stimmt so nicht ganz. Künstler haben Despoten besucht, nicht als Untertanen, die tyrannisiert wurden, sondern als wandernde Wundermänner, als Vagabunden mit bezaubernder Persönlichkeit, die man bewirtete und beschenkte und in Frieden leben und schaffen liess. Es ist das zugunsten des Despoten zu sagen, dass er, der ein Individuum ist, Kultur haben kann, während der Pöbel, der ein Ungeheuer ist, keine hat. Wer Kaiser

oder König ist, kann sich bücken, um einem Maler den Pinsel auf-
zuheben, aber wenn die Demokratie sich bückt, geschieht es nur,
um mit Schmutz zu werfen. Und dabei braucht sich doch die Demokratie nicht so tief hinunterzubücken wie der Kaiser. Wenn sie
mit Schmutz werfen wollen, brauchen sie sich sogar gar nicht zu
bücken. Aber es ist nicht nötig, den Monarchen vom Pöbel zu trennen, alle autoritäre Gewalt ist gleich schlecht.

Es gibt drei Arten von Despoten. Erstens den Despoten, der die
Gewalt über den Körper ausübt. Zweitens den Despoten, der die
Gewalt über die Seele ausübt. Drittens den Despoten, der zugleich
über Seele und Leib die Gewalt ausübt. Der erste heisst der Fürst.
Der zweite heisst der Papst. Der dritte heisst das Volk. Der Fürst
kann gebildet sein. Viele Fürsten waren es. Doch der Fürst ist gefährlich. Man muss an Dante auf dem bitteren Fest von Verona
denken, an Tasso in der Tobsuchtszelle Ferraras. Es ist für den
Künstler besser, nicht mit Fürsten zu leben. Der Papst kann gebildet
sein. Viele Päpste sind es gewesen, die schlechten Päpste sind es
gewesen. Die schlechten Päpste liebten die Schönheit fast so leiden-
schaftlich, ja sogar mit derselben Leidenschaft wie die guten Päpste
das Denken hassten. Den schlechten Päpsten dankt die Menschheit
vieles. Die guten Päpste haben eine furchtbare Schuld gegen die
Menschheit auf dem Gewissen, Obwohl der Vatikan die Rhetorik
seiner Donner behalten und die Rute seiner Blitze verloren hat, ist
es doch besser für Künstler, nicht mit Päpsten zu leben. Es war ein
Papst, der von Cellini zu einem Kardinalskonklave sagte, das gemeine Recht und die gemeine Autorität seien für Männer, wie er,
nicht gemacht; aber es war auch ein Papst, der Cellini ins Gefängnis
warf und ihn darin liess, bis sein Geist in Raserei verfiel und er
unwirkliche Visionen hatte und die goldene Sonne in sein Gemach
treten sah und sich so in sie verliebte, dass er zu entfliehen suchte
und von Turm zu Turm kletterte und bei Sonnenaufgang schwind-
lig hinabfiel und schwer zu Schaden kam. Ein Winzer fand ihn,
bedeckte ihn mit Weinblättern und fuhr ihn in einem Karren zu
einem, der schöne Dinge liebte und ihn pflegte. Päpste sind gefährlich. Und das Volk – was ist von ihm und seiner Herrschaft zu sagen? Vielleicht hat man von ihm und seiner Herrschaft genug gesprochen. Seine Herrschaft ist ein blindes, taubes, scheussliches,
groteskes, tragisches, spasshaftes, ernsthaftes und schmutziges

Ding. Es ist für den Künstler unmöglich, mit dem Volke zu leben. Alle Despoten bestechen. Das Volk besticht und ist brutal. Wer hat sie zur Herrschaft berufen? Sie waren bestimmt: zu leben, zu lauschen, zu lieben. Ihnen ist grosses Unrecht geschehen. Sie haben sich Schaden getan durch Nachahmung Geringerer. Sie haben das Szepter des Fürsten ergriffen. Wie sollten sie es handhaben können? Sie haben sich die dreifache Krone des Papstes aufgesetzt. Wie sollten sie die Last tragen können? Sie sind wie ein Clown mit gebrochenem Herzen. Sie sind ein Priester mit noch ungeborener Seele. Alle, die die Schönheit lieben, mögen Mitleid mit ihnen haben. Wenn sie schon die Schönheit nicht lieben, mögen sie doch selbst Mitleid mit sich haben. Wer lehrte sie das Handwerk der Tyrannen?

Es gibt noch viele Dinge, die zu sagen wären. Man könnte zeigen, wie die Renaissance gross war, weil sie kein soziales Problem zu lösen suchte und sich nicht mit solchen Dingen abgab, aber dem Individuum erlaubte, sich frei, schön und natürlich zu entfalten, und so grosse und individuelle Menschen hatte. Man könnte zeigen, wie Ludwig XIV. dadurch, dass er den modernen Staat schuf, den Individualismus des Künstlers zerstörte und bewirkte, dass die Dinge in der Eintönigkeit ihrer Wiederholung schauderhaft wurden und verächtlich in ihrer Fügsamkeit unter die Regel, und im ganzen Frankreich die entzückenden Freiheiten des Ausdrucks zerstörte, die das Überlieferte in Schönheit neu gemacht und neue Formen in Einklang mit der Antike geschaffen hatten. Aber das Vergangene ist ohne Bedeutung. Wir haben es mit der Zukunft zu tun. Denn die Vergangenheit ist, was der Mensch nicht hätte sein sollen. Die Gegenwart ist, was der Mensch nicht sein sollte. Die Zukunft ist, was Künstler sind.

Es wird natürlich gesagt werden, ein solcher Plan, wie er hier vorgebracht ist, sei ganz unpraktisch und gehe gegen die Natur des Menschen. Das ist völlig wahr. Er ist unpraktisch und er geht gegen die Natur des Menschen. Darum verdient er es, durchgeführt zu werden, und darum schlägt man ihn vor. Denn was ist ein praktischer Plan? *Ein praktischer Plan ist entweder ein Plan, der bereits besteht, oder ein Plan, der unter den bestehenden Verhältnissen durchgeführt werden könnte.* Aber gerade gegen die bestehenden Verhältnisse wendet man sich; und jeder Plan, der sich in diese Verhältnisse fügen könnte, ist schlecht und töricht. Mit den Verhältnissen wird aufgeräumt werden, und die Natur des Menschen wird sich ändern. Das einzige, was man von der Natur des Menschen wirklich weiss, ist, dass sie sich ändert. Veränderung ist die Eigenschaft, die wir von ihr aussagen können. Die Systeme, die fehlschlagen, sind die, die auf die Konstanz der menschlichen Natur bauen, anstatt auf ihr Wachstum und ihre Entwicklung. Der Irrtum Ludwigs XIV. war, dass er glaubte, die Natur des Menschen werde immer dieselbe bleiben. Das Ergebnis seines Irrtums war die französische Revolution. Ein wundervolles Ergebnis. Alle Ergebnisse der Irrtümer der Regierungen sind ganz wundervoll.

Es ist auch zu beachten, dass, wenn der Individualismus zum Menschen kommen soll, dazu kein schwächliches Pfaffengeschwätz über die Pflicht verhilft, worunter lediglich das Tun zu verstehen ist, das andere Leute haben wollen, weil sie es haben wollen; und ebensowenig das widerliche Pfaffengeschwätz von Selbstaufopferung, die bloss ein Überrest des Brauchs der Wilden ist, sich zu verstümmeln. *In der Tat kommt er mit gar keinen Forderungen und Ansprüchen zum Menschen. Er kommt natürlich und unvermeidlich aus dem Menschen heraus.* Er ist solle auf dieselbe Art denken und dieselben Ansichten haben. Warum sollte er? Wenn er denken kann, wird er wahrscheinlich anders denken. Wenn er nicht denken kann, ist es ungeheuerlich, irgendwelche Gedanken von ihm zu verlangen. Eine rote Rose ist nicht selbstsüchtig, weil sie eine rote Rose sein will. Sie wäre furchtbar selbstsüchtig, wenn sie verlangte, alle andern Blumen im Garten sollten rot und Rosen sein. Im Reiche des Individualismus werden die Menschen ganz natürlich und völlig uneigennützig sein, und werden den Sinn der Worte verstehen und ihn in ihrem freien, schönen Leben verwirklichen. Die Menschen werden nicht egoistisch sein, wie sie es heute sind. Denn Egoist ist, wer an andere Ansprüche stellt, und der Individualist wird das nicht tun wollen. Es wird ihm kein Vergnügen machen. Wenn der Mensch den Individualismus verwirklicht hat, wird er auch das Mitgefühl verwirklichen und es frei und ungehemmt walten lassen. Bis jetzt hat der Mensch das Mitgefühl überhaupt kaum geübt. Er hat bloss Mitgefühl mit Leiden, und das ist nicht die höchste Form des Mitgefühls. *Jedes Mitgefühl ist schön, aber Mitleid ist die niedrigste*

Form. Es ist mit Egoismus durchsetzt. Es kann leicht krankhaft werden. Es liegt in ihm ein gewisses Element der Angst um unsere eigene Sicherheit. Wir fürchten, wir selbst könnten so werden, wie der Aussätzige oder der Blinde, und es kümmerte sich dann niemand um uns. Es ist auch seltsam beschränkt. Man sollte mit der Ganzheit des Lebens mitfühlen, nicht bloss mit den Wunden und Krankheiten des Lebens, sondern mit der Freude und Schönheit und Kraft und Gesundheit und Freiheit des Lebens. Je umfassender das Mitgefühl ist, um so schwerer ist es natürlich. Es erfordert mehr Uneigennützigkeit. Jeder kann die Leiden eines Freundes mitfühlen, aber es erfordert eine sehr vornehme Natur – es erfordert eben die Natur eines wahren Individualisten – den Erfolg eines Freundes mitzufühlen. In dem Gedränge der Konkurrenz und dem Ellbogenkampf unserer Zeit ist solches Mitgefühl natürlich selten und wird auch sehr erstickt durch das unmoralische Ideal der Gleichförmigkeit des Typus und der Fügsamkeit unter die Regel, das überall so sehr vorherrscht und vielleicht am schädlichsten in England ist.

Mitleid wird es natürlich immer geben. Es ist einer der ersten Instinkte des Menschen. Die Tiere, die individuell sind, das heisst die höheren Tiere, haben es wie wir. Aber man muss sich vergegenwärtigen, dass – während die Mitfreude die Summe der Freude, die es in der Welt gibt, erhöht – das Mitleid die Menge des Leidens nicht wirklich vermindert. Es kann den Menschen in stand setzen, das Uebel besser zu ertragen, aber nahe. Sie entzückte es, wenn sie die Männer und Frauen malen konnten, die sie bewunderten, wenn sie den Reiz dieser reizenden Erde zeigen konnten. Sie malten viele religiöse Bilder – tatsächlich malten sie viel zu viele, und die Eintönigkeit des Typus und des Motivs ist ermüdend und war von Übel für die Kunst. Sie kam von der Autorität des Publikums in Sachen der Kunst und ist zu beklagen. Aber ihre Seele war nicht dabei. Raffael war ein grosser Künstler, als er sein Papstbildnis malte. Als er seine Madonnen und Christusknaben malte, war er durchaus kein grosser Künstler. Christus hatte der Renaissance nichts zu sagen, die wundervoll war, weil sie ein Ideal brachte, das ein anderes war als seines, und wenn wir die Darstellung des wirklichen Christus finden wollen, müssen wir uns an die Kunst des Mittelalters wenden. Da ist er ein Gemarterter und Verwundeter, einer, der nicht lieblich anzusehen ist, weil Schönheit eine Freude ist, einer, der kein schönes Gewand anhat, weil das auch eine Freude sein kann: er ist ein Bettler mit einer strahlenden Seele, er ist ein Aussätziger mit göttlicher Seele, er braucht nicht Eigentum noch Gesundheit, er ist ein Gott, der seine Vollendung durch Schmerzen verwirklicht.

Die Entwicklung des Menschen ist langsam. Die Ungerechtigkeit der Menschen ist gross. Es war notwendig, dass das Leiden als Form der Selbstverwirklichung hingestellt wurde. Selbst jetzt ist an manchen Punkten der Welt die Botschaft Christi notwendig. Niemand, der im modernen Russland lebt, kann seine Vollkommenheit erreichen, es sei denn durch Leiden. Ein paar russische Künstler haben sich in der Kunst verwirklicht, in Romanen, die im Charakter mittelalterlich sind, denn ihr vorherrschender Zug ist die Verwirklichung der Menschen durch das Leiden. Aber für die andern, die keine Künstler sind, und für die es keine andere Form des Lebens gibt als das tatsächliche Leben der Wirklichkeit, ist das Leiden das einzige Tor zur Vollendung. Ein Russe, der sich unter dem gegenwärtigen Regierungssystem in Russland glücklich fühlt, muss entweder glauben, dass der Mensch keine Seele hat, oder dass sie, wenn er eine hat, nicht wert ist, sich zu entfalten. Ein Nihilist, der alle Autorität verwirft, weil er weiss, dass die Autorität von Übel ist, und der alles Leiden begrüsst, weil er dadurch seine Persönlichkeit verwirklicht, ist ein wirklicher Christ. Ihm ist das christliche Ideal zur Wahrheit geworden.

Und doch lehnte sich Christus nicht gegen die Obrigkeit auf. Er fügte sich der autoritären Gewalt des römischen Kaiserreichs und zahlte Tribut. Er duldete die geistliche Gewalt der jüdischen Kirche und wollte ihrer Gewalt nicht mit eigener Gewalt begegnen. Er hatte, wie ich vorhin sagte keinen Plan für einen Neubau der Gesellschaft. Aber die moderne Welt hat solche Pläne. Sie schlägt vor, die Armut und das Elend, das sie mit sich bringt, abzuschaffen. Sie will das Leiden loswerden und das Elend, das es mit sich bringt. Sie hat sich den Sozialismus und die Wissenschaft als Methoden gewählt. Was sie erstrebt, ist ein Individualismus, der sich durch die Freude zum Ausdruck bringt. Dieser Individualismus wird umfassender, völliger, reizender sein als je einer gewesen ist, Das Leiden ist nicht die letzte Form der Vollendung. Es ist nur vorläufig und ein Protest. Es entsteht in schlechten, ungesunden, ungerechten

Zuständen. Wenn das Übel und die Krankheit und die Ungerechtigkeit entfernt sind, hat es keine Stätte mehr. Es hat dann sein Werk getan. Es war ein gewaltiges Werk, aber es ist beinahe vorüber. Sein Gebiet wird von Tag zu Tag kleiner.

Und der Mensch wird es nicht entbehren. *Denn wonach der Mensch gesucht hat, das ist wahrhaftig nicht Leiden und nicht Lust, sondern einfach Leben.* Der Mensch hat danach gesucht, intensiv, völlig, vollkommen zu leben. Wenn er das tun kann, ohne gegen andere Zwang zu üben oder ihn je zu dulden, und wenn all seine Betätigungen ihm lustvoll sind, dann wird er gesünder und kraftvoller sein, mehr Kultur haben, mehr er selbst sein. Lust ist das Siegel der Natur, ihr Zeichen der Zustimmung. Wenn der Mensch glücklich ist, dann ist er in Harmonie mit sich selbst und seiner Umgebung. Der neue Individualismus, in dessen Diensten der Sozialismus, ob er es will oder nicht, am Werke ist, wird vollendete Harmonie sein. Er wird sein, wonach die Griechen suchten, was sie aber, ausser im Geiste, nicht vollständig verwirklichen konnten, weil sie Sklaven hatten und sie ernährten, er wird sein, wonach die Renaissance suchte, was sie aber, ausser in der Kunst, nicht vollständig verwirklichen konnte, weil sie Sklaven hatte und sie hungern liess. Er wird vollständig sein, und durch ihn wird jeder Mensch zu seiner Vollendung kommen. Der neue Individualismus ist der neue Hellenismus.

Aus dem Zuchthaus zu Reading

Die Londoner Zeitung »The Daily Chronicle« hatte berichtet, ein Gefängnisaufseher sei entlassen worden, weil er einem hungrigen Kinde, das im Gefängnis eingesperrt war, ein paar Kakes zu essen gegeben habe. Darauf richtete O. W. folgenden Brief an den Herausgeber des Blattes.

Mit grossem Bedauern entnehme ich den Spalten Ihrer Zeitung, dass der Aufseher Martin aus dem Reading-Gefängnis von der Gefängnisinspektion entlassen wurde, weil er einem armen hungrigen Kinde ein paar Kakes gegeben hat. Ich habe die drei Kinder selbst an dem Montag, der meiner Entlassung vorherging, gesehen. Sie waren verurteilt worden und standen der Reihe nach in der Zentralhalle, sie hatten die Gefängniskleidung an, trugen ihre Bettbezüge unter dem Arm und warteten, bis man sie in die für sie bestimmten Zellen abführte. Ich kam gerade auf einer der letzten Galerien vorbei, auf dem Wege zum Besuchszimmer, wo ich eine Besprechung mit einem Freunde haben sollte. Es waren ganz kleine Kinder, das jüngste – eben das, dem der Aufseher die Kakes gab – ein winziges Kerlchen, für das sie offenbar keine passenden Kleider finden konnten, die vorhandenen waren alle zu gross. Ich habe natürlich im Gefängnis in den zwei Jahren, in denen ich eingesperrt war, viele Kinder gesehen. Besonders das Wandworth-Gefängnis beherbergte immer eine Anzahl Kinder. Aber das kleine Kind, das ich am Montag nachmittag in Reading sah, war winziger als irgend ein anderes. Ich kann kaum beschreiben, wie äusserst betrübt ich war, diese Kinder in Reading zu sehen, denn ich kannte die Behandlung, die ihrer wartete. Die Grausamkeit, die man bei Tag und bei Nacht an Kindern in englischen Gefängnissen verübt, ist unglaublich für alle, die sie nicht selbst mit angesehen haben und die Brutalität des Systems nicht kennen.

Die Menschen unserer Zeit wissen nicht, was Grausamkeit ist. Sie halten sie für eine Art schreckliche mittelalterliche Leidenschaft und bringen sie in Verbindung mit Männern vom Schlage Ezzelins da Romano und anderer, denen es in der Tat einen wahnsinnigen Genuss bereitete, absichtlich Schmerzen zuzufügen. Aber Männer vom

Gepräge Ezzelins sind nur aussergewöhnliche Typen eines perversen Individualismus. Die Grausamkeit des Alltags ist nichts weiter als Dummheit. Sie ist der gänzliche Mangel der Fähigkeit, sich ein Bild von den Dingen zu machen – des Verstandes. Sie ist in unseren Tagen die Folge der stereotypierten Systeme, der harten und festen Gesetze, der Dummheit. Wo Zentralisation herrscht, herrscht Dummheit. Wo im modernen Leben der Beamte anfängt, hört der Mensch auf. Die Autorität ist ebenso gefährlich für die, die sie ausüben, wie für die, gegen die sie ausgeübt wird. Die Gefängnisbehörde und das System, das sie durchführt, ist die ursprüngliche Quelle der Grausamkeit, die an einem Kinde im Gefängnis verübt wird. Die Leute, die das System aufrecht erhalten, haben vielleicht vortreffliche Absichten. Die es ausführen, sind in ihren Absichten ebenfalls human. Die Verantwortlichkeit ruht auf den Vorschriften der Disziplin. Es wird angenommen, eine Sache sei recht, wenn sie Gesetz ist.

Die gegenwärtige Behandlung der Kinder ist schrecklich, besonders wo es sich um Leute handelt, die die besondere Psychologie der Kindesnatur nicht verstehen. Ein Kind kann eine Bestrafung, die von einem einzelnen Individuum, so vom Vater oder vom Vormund, ausgeht, verstehen und sie mit einem gewissen Grad von Fügsamkeit ertragen. Was es aber nicht verstehen kann, das ist eine Bestrafung von seiten der Gesellschaft. Es kann sich nicht vorstellen, was das ist: die Gesellschaft. Mit erwachsenen Personen verhält es sich natürlich umgekehrt. Diejenigen unter uns, die im Gefängnis sind oder gewesen sind, können und werden verstehen, was die Kollektivkraft, die man Gesellschaft nennt, bedeutet; und was wir auch von ihrer Methode und ihren Ansprüchen halten mögen, wir können uns dazu zwingen, uns zu fügen. Andrerseits aber ist eine Bestrafung, die uns von einem Individuum zugefügt wird, eine Sache, die kein Erwachsener duldet, wenigstens erwartet es niemand von ihm.

Das Kind also, das von Leuten, die es nie gesehen hat und von denen es nichts weiss, seinen Eltern entrissen wird, das sich in einer öden und abstossenden Zelle befindet, das von fremden Gestalten beobachtet wird, das von den Vertretern eines Systems, das es nicht verstehen kann, kommandiert und abgestraft wird, wird dem ersten und schlimmsten unter den Gefühlen, die das Gefängnisleben hervorbringt, zum Raub: dem Gefühl des Schreckens. Der Schrecken eines Kindes im Gefängnis ist grenzenlos. Ich erinnere mich, einmal in Reading, als ich zur Freistunde ging, in der düsteren Zelle, die der meinen gegenüberlag, einen Knaben gesehen zu haben. Zwei Aufseher – keine unfreundlichen Männer – sprachen zu ihm, offenbar etwas strenge, oder gaben ihm einen nützlichen Rat in bezug auf sein Verhalten. Einer war bei ihm in der Zelle, der andere stand aussen. Das Antlitz des Kindes war voller Schrecken und totenblass. In seinen Augen lag der Schrecken eines gehetzten Wildes. Am nächsten Morgen, zur Frühstückszeit, hörte ich ihn schreien und rufen, man solle ihn herauslassen. Er schrie nach seinen Eltern. Von Zeit zu Zeit konnte ich die tiefe Stimme des Aufsehers hören, der ihm sagte, er solle sich ruhig verhalten. Und dabei war er nicht einmal wegen irgend eines Vergehens verurteilt. Er war in Untersuchungshaft. Das sah ich daran, dass er seine eigenen Kleider trug, die ziemlich sauber schienen. Indessen trug er Anstaltsstrümpfe und -schuhe, und das zeigte, dass er ein wirklich armer Knabe war, dessen eigene Schuhe, wenn er welche hatte, in einer bösen Verfassung waren.

Richter und Beamte, in der Regel ein ganz dummer Menschenschlag, stecken oft Kinder für acht Tage ein und erlassen dann irgend eine Strafe, die zu verhängen sie berechtigt sind. Sie nennen dies »ein Kind nicht ins Gefängnis schicken«. Das ist natürlich eine blöde Auffassung von ihnen. Ein Kind kann die Spitzfindigkeit, ob es in Untersuchungs- oder Strafhaft ist, nicht unterscheiden. Das Schreckliche für das Kind ist, überhaupt da zu sein. In den Augen der Menschheit sollte es etwas Schreckliches sein, dass es überhaupt da ist.

Dieser Schrecken, der das Kind beherrscht, ebenso wie er auch den Erwachsenen beherrscht, wird natürlich über alle Maassen verstärkt durch die Einsamkeit des Zellensystems. Jedes Kind ist dreiundzwanzig Stunden von vierundzwanzig in seiner Zelle eingesperrt. Dies ist das Schreckliche an der Sache. Dass ein Kind dreiundzwanzig Stunden im Tag in eine dunkle Zelle gesperrt wird, ist ein Beispiel für die Grausamkeit der Dummheit. Wenn ein Individuum, ein Vater oder Vormund, etwas der Art einem Kinde antäte, würde er streng bestraft werden. Der Schutzverein gegen die Kinderquälerei würde sich der Sache annehmen. Auf allen Seiten würde sich die lebhafteste Entrüstung über solche Grausamkeit erheben. Aber unsere eigene gegenwärtige Gesellschaft tut selbst noch Schlimmeres, und für ein Kind, das von einer unverständlichen abstrakten Gewalt so behandelt wird, für deren Ansprüche es keinen Verstand hat, ist solches viel schlimmer, als wenn es von seinem Vater oder seiner Mutter oder sonst einem Bekannten geschähe. Die unmenschliche Behandlung eines Kindes ist immer unmenschlich, von wem sie auch zugefügt wird. Aber die unmenschliche Behandlung, die von der Gesellschaft ausgeht, ist für das Kind schrecklicher, weil es gegen sie keine Berufung gibt. Ein Vater oder ein Vormund kann gerührt werden, so dass er das Kind aus dem dunkeln, öden Raum, in dem es eingesperrt ist, herauslässt. Aber ein Aufseher kann das nicht. Die meisten Aufseher sind aufrichtige Kinderfreunde. Aber das System verwehrt es ihnen, dem Kind irgend welchen Beistand zu leisten. Falls sie das tun, wie in dem Fall des Aufsehers Martin, werden sie entlassen.

Das zweite, worunter ein Kind im Gefängnis zu leiden hat, ist der Hunger. Die Nahrung, die es erhält, besteht aus einem Stück Gefängnisbrot, das gewöhnlich schlecht gebacken ist, und einem Krug Wasser zum Frühstück um halb sieben Uhr. Um zwölf Uhr gibt es Mittagessen, das aus einem Topf Haferbrei besteht, und um halb sechs Uhr bekommt es ein Stück trockenes Brot und einen Krug Wasser zum Abendessen. Diese Ernährung bringt bei einem starken erwachsenen Manne immer irgend welches Unwohlsein hervor, besonders natürlich Durchfall und in seinem Gefolge Schwäche. In der Tat werden in jedem grösseren Gefängnis stopfende Medizinen regelmässig, als ob es sich von selbst verstünde, von den Aufsehern verabreicht. Was aber das Kind angeht, so ist es in der Regel überhaupt nicht imstande, die Kost zu essen.

Jeder, der etwas von Kindern versteht, weiss, wie leicht die Verdauung eines Kindes durch das viele Weinen oder durch Kummer und Seelenschmerz gestört wird. Ein Kind, das den ganzen Tag und vielleicht die halbe Nacht in einer öden dunklen Zelle geweint hat und vom Schrecken gepeinigt wird, kann solche schlechte grobe Kost einfach nicht essen. In dem Fall des kleinen Kindes, dem der Aufseher Martin die Kakes gab, weinte das Kind am Dienstag morgen vor Hunger und war völlig unfähig, das Brot und das Wasser, das ihm zum Frühstück gegeben wurde, zu sich zu nehmen. Martin ging, nachdem er das Frühstück ausgegeben hatte, aus und kaufte dem Kinde lieber die paar Kakes, als dass er es Hunger leiden sah. Das war schön von ihm gehandelt, und es wurde von dem Kinde so dankbar empfunden, dass es, ohne eine Ahnung von den Gefängnisvorschriften zu haben, einem der Ober-Aufseher erzählte, wie freundlich dieser Aufseher zu ihm gewesen sei. Die Folge davon war natürlich eine Anzeige und die Entlassung.

Ich kannte Martin sehr gut; er war in den letzten sieben Wochen meiner Gefangenschaft mein Aufseher. Er hatte in Reading auf dem C-Flügel Dienst, in dem ich eingesperrt war, und so sah ich ihn fortwährend.

Ich war überrascht über die seltene Freundlichkeit und Menschlichkeit, mit der er zu mir und den übrigen Gefangenen sprach. Freundliche Worte sind im Gefängnis viel wert, und ein einfaches »Guten Morgen« oder »Guten Abend« machen einen so glücklich, als es im Gefängnis möglich ist. Er war immer mild und massvoll. Ich erinnere mich an einen andern Fall, in dem er sich einem der Gefangenen gegenüber sehr freundlich erwies, und ich nehme keinen Anstand, ihn zu erwähnen. Einer der schrecklichsten Zustände im Gefängnis sind die schlechten hygienischen Einrichtungen. Es ist dem Gefangenen unter keinen Umständen erlaubt, nach halb sechs Uhr die Zelle zu verlassen. Wenn er also an Durchfall leidet, muss er seine Zelle als Kloset benutzen und die Nacht in einer sehr stinkenden und ungesunden Luft verbringen. Einige Tage vor meiner Entlassung machte Martin um halb acht Uhr mit einem der Ober-Aufseher die Runde, um die Werkzeuge und das Werg aus den Zellen zu schaffen. Ein jüngst Verurteilter, der infolge der ungewohnten Nahrung an heftigem Durchfall litt, bat den Ober-Aufseher, ihm zu erlauben, das Gefäss in seiner Zelle leeren zu dürfen, wegen des schlechten Geruchs, und da er noch einmal in der Nacht unwohl werden könnte. Der Ober-Aufseher lehnte das strikt ab; es war gegen die Vorschrift. Der Mann hätte die Nacht in seiner schrecklichen Lage verbringen müssen. Martin aber, der den armen Mann nicht in einer so abscheulichen Situation lassen wollte, sagte, er wolle ihm das Gefäss selbst ausleeren, und tat das auch. Ein Aufseher, der das Gefäss eines Gefangenen ausleert, ist natürlich gegen die Vorschrift, aber Martin erwies dem Mann diese Gefälligkeit aus der einfachen Menschlichkeit seiner Natur heraus, und der Mann war natürlich sehr dankbar.

Was die Kinder angeht, so ist in letzter Zeit viel über den verderbenden Einfluss des Gefängnisses auf junge Kinder geredet und geschrieben worden. Was da gesagt wird, ist sehr wahr. Ein Kind wird durch das Gefängnisleben sehr verdorben. Aber der verderbliche Einfluss geht nicht von den Gefangenen aus. Er geht aus von dem ganzen Gefängnissystem – vom Direktor, dem Geistlichen, den Aufsehern, der öden Zelle, der Isolierung, der empörenden Ernährung, den Gefängnisvorschriften, der Art, wie die Disziplin ausgeübt wird, dem ganzen Leben. Es ist alle erdenkliche Sorgfalt getroffen, dass das Kind die Gefangenen über sechzehn Jahren nicht einmal zu sehen bekommt. Die Kinder sitzen in der Kirche hinter einem Vorhang und haben ihre Freistunde in kleinen Höfen, wo keine Sonne hinkommt, nur damit sie die älteren Gefangenen nicht zu sehen bekommen. Aber in Wahrheit geht der einzige wirklich menschliche Einfluss, der im Gefängnis ausgeübt wird, von Gefangenen aus. Ihre Heiterkeit unter schrecklichen Umständen, ihre Sympathie füreinander, ihre Bescheidenheit, ihre Liebenswürdigkeit, ihr freundliches Lächeln, mit dem sie sich beim Begegnen begrüssen, die völlige Ruhe, mit der sie sich in ihre Strafe fügen, alles das ist ganz wundervoll, und ich selbst habe manches Gute von ihnen gelernt. Ich will nicht vorschlagen, die Kinder sollten in der Kirche nicht hinter einem Vorhang sitzen, oder sie sollten mit den andern zusammen ihre Freistunde haben. Ich will nur feststellen, dass der schlechte Einfluss nicht von den Gefangenen, sondern vom Gefängnissystem selbst ausgeht. Es ist nicht ein einziger Mann im Reading-Gefängnis, der nicht gern die Strafe der drei Kinder auf sich genommen hätte. Ich sah sie zuletzt an dem Dienstag, der ihrer Verurteilung folgte. Ich ging um halb zwölf Uhr mit ungefähr zwölf andern Männern zur Freistunde, und die drei Kinder gingen an uns vorbei, in Begleitung eines Aufsehers; sie kamen von dem dumpfigen, traurigen Hof, wo sie zur Freistunde gewesen waren. Ich sah in den Augen meiner Gefährten das grösste und herzlichste Mitgefühl, als sie die Kinder erblickten. Gefangene sind, als eine zusammengehörige Menschenklasse, ausserordentlich freundlich und liebevoll zueinander. Leiden und die Gemeinsamkeit der Leiden machen die Menschen gütig, und Tag für Tag, wenn ich auf dem Hof einherging, fühlte ich mit Befriedigung und Freude, was Carlyle irgendwo »den stillen rhythmischen Reiz der menschlichen Kameradschaft« nennt. In diesem und in allen anderen Dingen sind die Philanthropen und Leute ihres Schlages auf dem Holzwege. Nicht die Gefangenen bedürfen der Wandlung, sondern die Gefängnisse.

Ich möchte jetzt die Aufmerksamkeit auf eine andere schreckliche Sache lenken, die in englischen Gefängnissen, in der Tat in den Gefängnissen der ganzen Welt umgeht, wo das System des Schweigens und der Zelleneinsperrung ausgeübt wird. Ich spreche von der grossen Zahl derer, die im Gefängnis wahnsinnig oder geistesgestört werden. In Zuchthäusern ist dies natürlich ganz allgemein; aber ebenso in anderen Gefängnissen, so z.B. in dem, wo ich eingesperrt war.

Vor etwa drei Monaten bemerkte ich unter den Gefangenen, die mit mir Freistunde hatten, einen jungen Mann, der mir blödsinnig oder schwachsinnig zu sein schien. Jedes Gefängnis hat seine schwachsinnigen Kunden, die immer wiederkommen, von denen man fast sagen kann, dass sie ihr Leben im Gefängnis zubringen. Aber dieser junge Mensch schien mir mehr als gewöhnlich schwachsinnig zu sein, wegen seines blöden Grinsens und der idiotischen Art, in der er in sich hineinlachte, und wegen der Ruhelosigkeit seiner Hände, die ewig zu zupfen hatten. Er fiel allen anderen Gefangenen wegen seines sonderbaren Wesens auf. Von Zeit zu Zeit blieb er in der Freistunde aus, ein Zeichen, dass er zur Strafe in seiner Zelle eingesperrt war. Endlich bemerkte ich, dass er unter Beobachtung stand und Tag und Nacht von Aufsehern bewacht wurde. Wenn er in der Freistunde erschien, schien er immer hysterisch zu sein und ging schreiend und lachend herum. In der Kirche sass er unter der strengen Beobachtung zweier Aufseher, die ihn sorgsam die ganze Zeit über bewachten. Manchmal wollte er sein Haupt in den Händen bergen, was ein Verstoss gegen die Kirchenordnung war, und sein Kopf wurde sofort von einem der Aufseher zurückgebogen, so dass er seine Augen fortwährend nach dem Altar richten musste. Manchmal wollte er aufschreien, aber er durfte keine Störung machen, die Tränen liefen in Strömen über sein Gesicht, und ein hysterisches Schluchzen drang aus seiner Kehle. Manchmal grinste er idiotisch in sich hinein und schnitt Gesichter. Bei mehr als einer Gelegenheit wurde er aus der Kirche in seine

Zelle zurückgeführt, und natürlich wurde er fortwährend bestraft. Da die Bank, auf der ich gewöhnlich in der Kirche sass, direkt hinter der Bank war, an deren Ende der Unglückliche seinen Platz hatte, hatte ich oft Gelegenheit, ihn zu beobachten. Ich sah ihn auch oft in der Freistunde, und ich sah, dass er im Begriff war, wahnsinnig zu werden, während er als Simulant behandelt wurde.

Am Samstag der letzten Woche war ich ungefähr um ein Uhr damit beschäftigt, die Gefässe, die ich zum Mittagessen benutzte, zu reinigen und blank zu putzen. Plötzlich wurde ich heftig erschreckt: die Stille des Gefängnisses wurde gebrochen durch furchtbares Geschrei oder eigentlich Geheul; ich dachte zuerst, ein Tier, ein Stier oder eine Kuh werde ausserhalb der Gefängnismauern ungeschickt geschlachtet. Ich hörte indessen bald, dass das Geheul aus dem Erdgeschoss des Gefängnisses kam, und ich merkte, dass irgend ein Unseliger gepeitscht wurde. Ich kann nicht beschreiben, wie entsetzlich und schrecklich es für mich war, und ich fragte mich erstaunt, wer in dieser empörenden Weise gezüchtigt wurde. Plötzlich kam mir der Gedanke, dass es wohl dieser unglückliche Wahnsinnige war, der gepeitscht wurde. Was ich dabei empfand, brauche ich nicht mitzuteilen, es hat nichts mit dieser Frage zu tun.

Am nächsten Tag, am Sonntag, den 16., sah ich den armen Mann in der Freistunde, sein hässliches Gesicht war von Tränen und hysterischen Krämpfen so entstellt, dass er kaum zu erkennen war. Er ging in dem inneren Ring mit den alten Männern, den Bettlern und Lahmen, so dass ich ihn die ganze Zeit über beobachten konnte. Es war mein letzter Sonntag im Gefängnis, es war ein sehr lieblicher Tag, der schönste Tag, den wir im ganzen Jahr gehabt hatten, und da in diesem herrlichen Sonnenlicht ging dieses arme Geschöpf – das einst nach dem Ebenbilde Gottes geschaffen war – grinsend wie ein Affe und mit seinen Händen die seltsamsten Gestikulationen machend, als ob er in der Luft auf einem unsichtbaren Saiteninstrument spielte, oder wie wenn er auf einem sonderbaren Spielbrett die Steine ordnete und verteilte. Mittlerweile hatten diese hysterischen Tränen, ohne die keiner von uns ihn jemals sah, tiefe Rinnen in sein verschwollenes Gesicht gegraben. Seine scheusslichen und bedächtigen Gesten machten ihn einem Possenreisser vergleichbar. Er war ein Urbild des Grotesken. Die andern Gefangenen beobachteten ihn alle und nicht einer von ihnen lächelte. Jeder wusste, was ihm zugestossen war und dass er in den Wahnsinn getrieben worden war, dass er bereits wahnsinnig war. Nach einer halben Stunde befahl ihm einer der Aufseher hineinzugehen, ich vermute, dass er wieder bestraft wurde. Wenigstens war er am Montag nicht in der Freistunde, obwohl ich glaube, ihn an einer Ecke des Hofes in Begleitung eines Aufsehers gesehen zu haben.

Am Dienstag – meinem letzten Tag im Gefängnis – sah ich ihn in der Freistunde. Er befand sich schlimmer als vorher und wurde wieder hineingeschickt. Seitdem weiss ich nichts von ihm, aber ich erfuhr von einem der Gefangenen, der mit mir in der Freistunde ging, dass er am Samstag nachmittag auf Befehl der Inspektionsbehörde auf Grund eines Berichtes des Arztes im Küchenraum 24 Hiebe erhalten habe. Das Geheul, das uns allen Entsetzen eingeflösst hatte, war von ihm gekommen.

Dieser Mann wird ohne Zweifel unheilbar wahnsinnig. Gefängnisärzte haben keine Kenntnis von Geisteskrankheiten. Sie sind durch die Bank unwissende Menschen. Die Lehre von den Krankheiten des Geistes ist ihnen unbekannt. Wenn ein Mann wahnsinnig wird, behandeln sie ihn als Simulanten. Sie haben ihn wieder und wieder bestraft. Natürlich wird der Zustand des Mannes schlimmer. Wenn die gewöhnlichen Strafen erschöpft sind, berichtet der Arzt über den Fall an die Behörde. Die Folge davon ist: er wird ausgepeitscht. Gewiss wird das Peitschen nicht mit der neunschwänzigen Katze ausgeführt, man benutzt eine Birkenrute; aber die Folgen, die diese Prozedur bei dem unseligen, halbverrückten Opfer hervorbringt, kann man sich vorstellen. Dieser Fall ist ein treffendes Beispiel für die Grausamkeit, die von einem unsinnigen System nicht zu trennen ist, denn der gegenwärtige Direktor von Reading ist ein Mann von edlem und menschenfreundlichem Charakter, der bei allen Gefangenen sehr beliebt und angesehen ist. Es ist ihm aber doch ganz unmöglich, das System zu ändern. Ohne Zweifel sieht er täglich vieles, was er selbst für ungerecht, töricht und grausam hält. Aber die Hände sind ihm gebunden.

Aesthetisches Manifest

Unter den vielen jungen Leuten in England, die mit mir zusammen die englische Renaissance zu vollenden und vollkommen zu machen suchen – Jeunes guerriers du drapeau romantique, wie Gautier uns genannt haben würde – gibt es keinen, der eine makellosere und glühendere Liebe zur Kunst hat, keinen, dessen künstlerischer Schönheitssinn zarter und feiner ist – keinen fürwahr, der mir lieber ist – als der junge Dichter, dessen Verse ich mit nach Amerika gebracht habe; Verse voll süssem Leid und doch voller Freude; denn nicht der ist der freudigste Dichter, der auf den öden Landstrassen dieser Welt den unfruchtbaren Samen des Lachens sät, sondern wer seinem Schmerz am meisten Musik verleiht – dies nämlich ist der wahre Sinn der künstlerischen Freude – dies unaussprechliche Element künstlerischen Genusses, das in der Lyrik zum Beispiel davon kommt, was Keats das »sinnliche Leben der Verse« nennt, das Element des Gesangs in dem Liede, das Element, das uns durch das Wunder der rhythmischen Bewegung so ganz hinnimmt, das oft aus einer rein musikalischen Stimmung entspringt und das in der Malerei nie im behandelten Gegenstand, immer nur im malerischen Reiz zu finden ist – im Ton und der Symphonie der Farbe, der beruhigenden Schönheit der Konturen: so dass der höchste Ausdruck unserer Kunstbewegung in der Malerei nicht die vergeisteten Visionen der Präraphaeliten gewesen sind, trotz all ihrem Wunder griechischer Legende und ihrem Mysterium italienischen Lieds, sondern die Arbeit solcher Männer wie Whistler und Albert Moore, die die Zeichnung und Farbe auf die ideale Stufe der Poesie und Musik gehoben haben. Denn die Eigenheit ihrer erlesenen Malerei kommt lediglich von der originellen und schöpferischen Behandlung der Linie und der Farbe, von einer bestimmten Form und Auswahl schöner Technik, die jede literarische Reminiszenz und jede metaphysische Idee verwirft und so dem ästhetischen Sinn für sich allein völlig genügt – sie ist, wie die Griechen gesagt hätten, Selbstzweck; die Wirkung ihrer Werke ist dieselbe wie die Wirkung, die die Musik hervorbringt: denn die Musik ist die Kunst, wo Form und Stoff immer eins sind – die Kunst, deren Gegenstand von der Form, wie er zum Ausdruck kommt, nicht getrennt werden kann; die Kunst, die uns das künstlerische Ideal am vollständigsten verwirklicht, die da steht, wohin alle andern Künste immer unterwegs sind.

Dieser gesteigerte Sinn nun für den in sich ruhenden und völlig gesättigten Wert schöner Technik, diese Anerkennung der ausschlaggebenden Bedeutung des sinnlichen Elements in der Kunst, diese Liebe zur Kunst um der Kunst willen ist der Punkt, wo wir, eine jüngere Richtung, uns von den Lehren Ruskins getrennt haben – endgültig und entschieden getrennt.

Meister in jeder Wissenschaft edler Lebensführung und in der Weisheit aller Dinge des Geistes wird er uns immer sein; er war es ja doch, der durch die zwingende Kraft seiner Persönlichkeit und die Musik seiner Rede uns in Oxford die begeisterte Liebe zur Schönheit lehrte, die das Geheimnis des Hellenismus ist, und den schöpferischen Drang, der das Geheimnis des Lebens ist; der einigen von uns wenigstens die erhabene und leidenschaftliche Sucht schuf, in weite, schöne Lande hinauszugehen und den Völkern eine Botschaft und der Welt eine Sendung zu künden; und doch, in seiner Kunstkritik, seiner Einschätzung des künstlerischen Genusses, seiner ganzen Art, an die Kunst heranzugehen, gehen wir nicht mehr mit ihm; denn das Kriterium seines ästhetischen Systems ist immer ein ethisches. Er beurteilt ein Gemälde nach der Summe vornehmer Moralprinzipien, die es zum Ausdruck bringt; für uns aber sind die Wege, auf denen allein die vornehme malerische Arbeit uns berühren kann und wirklich berührt, nicht Wege von Lebenswahrheiten oder von metaphysischen Wahrheiten. Ihm bedeutet vollendete Technik nur ein Zeichen äusserlichen Glanzes, und Mangelhaftigkeit des technischen Könnens schreibt er einer Phantasie zu, die zu schrankenlos ist, als dass sie in den Schranken der Form ihren völligen Ausdruck finden könnte, oder einer Hingebung, die zu schlicht ist, um in ihrer Gestaltung nicht zu stammeln. Für uns aber ist das Gebot der Kunst etwas anderes als die Gebote der Moral. In einem ethischen System natürlich, das nur einigermassen menschenfreundlich ist, wird freilich der gute Wille anerkannt werden; aber wer in das helle Haus der Schönheit eingehen will, den fragen wir nicht, was er allenfalls tun möchte, sondern was er vollbracht hat. Nicht seine pathetischen Vorsätze haben Wert für uns, sondern nur seine verwirklichten Schöpfungen. Pour moi je préfère les poètes qui font des vers, les médecins qui sachent guérir, les peintres qui sachent peintre.

Auch sollten wir uns bei Betrachtung eines Kunstwerkes nicht in Träume verlieren, was es bedeutet, sondern es um deswillen lieben, was es ist. In der Tat ist der Geist der Transzendenz dem Geist der Kunst fremd. Der metaphysische Geist Asiens mag sich das ungeheuerliche und vielbrüstige Götzenbild schaffen, aber für den Griechen, der lediglich Künstler ist, ist das Werk am reichsten seelisch belebt, das den vollkommenen Erscheinungen auch des leiblichen Lebens am nächsten kommt. Und ein Gemälde zum Beispiel hat in dem, was es von Haus aus in sich birgt, durchaus nicht mehr geistige Beziehung oder Bedeutung für uns als ein blauer Ziegel aus der Mauer von Damaskus oder eine Hizenvase. Es ist eine schöngefärbte Fläche, nichts anderes, und wirkt auf uns mit keiner aus der Philosophie gestohlenen Idee, mit keinem aus der Literatur mitgenommenen Pathos, mit keinem dem Dichter entwendeten Gefühl, sondern mit seiner eigenen unsagbaren künstlerischen Wesenheit – mit der besonderen Form der Wahrheit, die wir Stil nennen, und mit dem Verhältnis von Werten, das die Kennmarke der Malerei ist, mit der ganzen Qualität der Ausführung, mit der ganzen Arabeske der Zeichnung, dem Glanz der Farbe, denn diese Dinge genügen, um die göttlichsten und verborgensten Saiten zu erschüttern, die in unserer Seele musizieren, und die Farbe ist wahrhaftig schon an sich ein mystisches Lebendigsein in den Dingen, und der Ton eine Art Empfindung.

Dies also – die neue Auffassung unserer jüngeren Richtung – ist das Hauptmerkmal der Lyrik Rennell Rodds – denn obschon sich in seinem Buch vieles findet, was den Verstand interessieren kann, vieles, was zum Gefühl spricht, und viele rhythmische Akkorde süsser und schlichter Empfindung – denn denen, die die Kunst um ihrer selbst willen lieben, ist alles andere dazugegeben – ist doch die Wirkung, die sie vorwiegend üben will, eine rein artistische. Ein Gedicht, wie »Das Grab des Seekönigs« mit all seiner majestätischen Melodie, die so tönend und gewaltig ist wie das Meer, an dessen kieferumwallten Ufern es so schön empfangen und gestaltet wurde; oder das kleine Gedicht, das dahinter steht, dessen geschickte Arbeit, die mit einem so künstlerischen Sinn für Beschränkung gefertigt ist, man mit der Kunst des erlesenen Ziseleurs vergleichen möchte, die sein Motiv ist; oder »In einer Kirche«, die blasse Blüte eines köstlichen Augenblicks, wie man sie wohl kennt, wo alle Dinge ausser dem Augenblick selbst so seltsam wirklich scheinen, und wo die alten Gedächtnisse vergessener Tage angerührt und besänftigt werden und der vertraute Ort plötzlich in einer Vision der unsterblichen Schönheit der gestorbenen Götter glühend und feierlich wird; oder die Szene in der »Kathedrale von Chartres«, düsteres Schweigen brütet auf Gewölben und Bogen, stumm knien da und dort Leute im Staub der leeren Fliessen und der junge Priester erhebt den Leib des Herrn in kristallenem Stern; und dann brechen gewalttätig Strahlen scharlachenen Lichts durch die Glasmalerei des Fensters und schlagen an das geschnitzte Gitterwerk des Lettners, und rasche Orgelstösse rollen und dröhnen in mächtiger Musik vom Chor zum Baldachin des Altars und von Säule zu Säulenbündel, und über allem die helle, frohe Stimme eines singenden Knaben, die so überwältigend süss ins Ohr geht und eben den rechten künstlerischen Grundton für unsere Gefühle trifft; oder das Gedicht »In Lavunium«, wo man durch die Musik seiner Linien hindurch das Sausen der Bienen von Mantua wieder zu vernehmen glaubt, die aus den grünen Tälern ihrer Heimat und von den Flüssen im Lande drinnen in dicken Haufen durch die Lüfte kommen, um den Bernsteinhonig einzusammeln, den die Blumen am Meere bergen; oder das Gedicht, das »Im Kolosseum« geschrieben ist, das einem denselben künstlerischen Genuss gibt, wie wenn man einem Handwerker bei seiner Arbeit zusieht – einem Goldschmied, der sein Gold in so dünne Blättchen hämmert, dass sie zart sind wie gelbe Rosenblätter oder der es zu langen Fäden zieht wie ineinandergeworrene Sonnenstrahlen – so vollkommen und köstlich im blossen Machwerk; oder die kleinen lyrischen Zwischenspiele, die hie und da wie der Gesang einer Drossel einfallen und die so flink und so sicher sind wie der Flügelschlag eines Vogels, so schwank und blank wie die Apfelblüten, die in langsamem Hin und Her nach einem Frühlingsgewitter auf den Rasen flattern und noch lieblicher sind, da die Regentropfen auf ihrem zarten rosenroten Perlengeäder liegen; oder die Sonette – denn Rodd ist einer von denen qui sonnent le sonnet, wie die Ronsardisten zu sagen pflegten – das eine, das sich »An den Hügeln des Ufers« nennt, mit dem feurigen Wunder seiner Phantastik und der seltsamen Schönheit seiner achten Zeile; oder das andere, das von dem Schmerz des grossen Königs um das tote kleine Kind spricht – nun, all diese Gedichte streben, wie gesagt, eine rein artistische Wirkung an und haben die köstliche und erlesene Eigenheit, die solcherlei Arbeit auszeichnet; und ich finde, dass die völlige Unterordnung aller bloss gefühls- und verstandesmässigen Motive unter das entscheidende formende Prinzip der Poesie das sicherste Zeichen für die Gesundheit unserer ästhetischen Bewegung ist.

Aber es ist nicht genug, dass ein Kunstwerk den ästhetischen Forderungen der Zeit entspricht: es muss auch, wenn es uns irgend dauernden Genuss gewähren soll, den Stempel einer besonderen Individualität tragen. Jedes Werk, das in unserm Jahrhundert gelten soll, muss auf den zwei Polen der Persönlichkeit und der Vollendung ruhen. Und so könnte man in diesem dünnen Band die frühere und schlichtere Stufe von der späteren und kräftigeren trennen, wo der Dichter mehr technische Macht und mehr künstlerische Anschauung besitzt, und dann reizt es einen, diese auseinanderfallenden Gedichte, diese wirren und vereinzelten Fäden zu einem feuerfarbenen Band des Lebens zu weben: zuerst stösst man auf die blosse Fröhlichkeit eines Knaben darüber, dass er jung ist, mit all seiner einfachen Freude im Feld und den Blumen, im Sonnenschein und Gesang, und dann die Bitterkeit plötzlichen Schmerzes, wenn der Tod einer kurzen und schönen Jugendfreundschaft ein Ende macht, mit all dem vergeblichen Sehnen und hoffnungslosen Fragen, mit dem wir so nutzlos das starre Marmorantlitz des Todes bewegen wollen; wobei der künstlerische Gegensatz zwischen der Unvollkommenheit des Geistes und der vollkommenen Vollendung des Stils, der ihn zum Ausdruck bringt, das Hauptelement des ästhetischen Reizes dieser besonderen Gedichte ausmacht; und dann die Geburt der Liebe und all das Wunder und all die Angst und gefahrvolle Wonne, wenn zum erstenmal die Schwingen der Liebe die Stirne des Knaben streifen; und die Liebeslieder, zart und fein, mit einer inneren Musik, als flögen leichte Schwalben, und so voller Freiheit und Duft, dass man sie alle im Freien und auf fliessendem Wasser singen möchte; und dann der Herbst, mit seinen verstummten Wäldern und seiner duftenden Verwesung und der untergehenden Lieblichkeit, wo die Liebe im Tode daliegt; und die Klage darüber.

Hier möchte man innehalten, denn von einem jungen Dichter dürfte man keine tieferen Klänge des Lebens verlangen als diese, die Liebe und Freundschaft uns zu ewigen Klängen machen; und die besten Gedichte in diesem Bande gehören offenbar einer späteren Zeit an, wo diese Erfahrungen des Wirklichen in eine Form aufgelöst und zusammengezogen werden, die solchen Erfahrungen des Wirklichen sehr entfremdet und entfernt scheint; wo der einfache Ausdruck von Freude oder Schmerz nicht länger genügt und mehr in der Hoheit des Rhythmus, in der Musik und Farbe der verketteten Worte liegt als in unmittelbarem Aussprechen der Dinge; mehr, möchte man sagen, in der Vollendung der Form lebt als im Pathos des Gefühls. Und doch können wir, nach der zerbrochenen Musik der Liebe und der Grablegung der Liebe in den Wäldern des Herbstes, wohl das Wandern unter seltsamen Menschen und in Ländern, die wir nicht kennen, darin spüren, wodurch wir so tragisch versuchen, die Stösse des Lebens, das wir kennen, zu heilen, und die reine, inständige Hingebung an die Kunst, die den Menschen überkommt, wenn die rauhe Wirklichkeit des Lebens ihn zu plötzlich verwundet hat und ihm die Jugend mit Verzweiflung oder Kummer zerstört, und die, meine ich, nicht seltener daher kommt als von irgend einer natürlichen Freude am Leben; und die sonderbare Gewalt des Blicks, die in Momenten überwältigender Trauer und unbezwinglicher Verzweiflung künstlerische Dinge im Gedächtnis zu lebendiger Wirklichkeit beseelt, zu einer Wirklichkeit, die dem Leben angehört, das diese Dinge uns vergessen helfen – ein altes graues Grab in Flandern mit einer seltsamen Inschrift, das uns den Gedanken gibt, dass leidenschaftliche Liebe vielleicht den Tod überlebt, eine Schnur aus blauen und bernsteingelben Perlen und ein zerbrochener Spiegel, die im Grab eines Mädchens in Rom gefunden wurden, ein Marmorbild eines Knaben, der wie Eros gekleidet ist, und mit der pathetischen Gebärde der Tragik eines grossen Königs, die wie ein purpurner Schatten darin umgeht, hat sich über dem allem der müde und verklärte Geist mit der ruhigen und sicheren Freudigkeit gelagert, die über einen kommt, wenn man etwas gefunden hat, was die Welt nicht zerstören und die Zeit nicht verwittern kann; und mit ihr kommt die Sehnsucht nach den Dingen Griechenlands, die oft das Mittel des Künstlers ist, die Sehnsucht nach der Vollendung auszudrücken, und das Verlangen nach den alten gestorbenen Tagen, das so modern ist und so unvollkommen und so rührend und gewissermassen die umgekehrte Fackel der Hoffnung vorstellt, die die Hand verbrennt, die sie führen sollte; und über viele Dinge eine leichte Trauer, und zu allen Dingen eine grosse Liebe; und zuletzt, im Kiefernwald an der See, noch einmal der rasche, lebendige Puls froher Jugend, der in jeder Zeile lacht und hüpft, die frische, unverzagte Freiheit von Welle und Wind, die die ausgebrannte Asche des Lebens zu Flammen erwecken und zu Gesang die stummen Lippen der Qual – wie klar scheint man es alles zu sehen, die lange Zeile der Kiefern, durch die Wolken und Meer hie und da wie ein Silberblick aufblitzen; den freien Platz im Grünen, das Herz des Waldes mit dem moosumsponnenen Altar des alten italischen Gottes darauf, und die Blumen ringsherum, Alpenveilchen an schattigen Plätzen, und die Sterne der weissen Narzissen, die wie Schneeflocken über dem Gras liegen, wo die behende glanzäugige Eidechse über den Stein schiesst, und die Schlange zusammengerollt auf dem heissen Sand in der Sonne liegt, und zu Häupten von den Zweigen fliessen die Marienfäden, dünne, zitternde, goldene Fäden – die Szene ist in ihrem Motiv ganz vollendet, denn hier fürwahr, wenn irgendwo, könnte die wahre Freudigkeit des Lebens einer Jugend offenbart werden – die Freudigkeit, die nicht kommt, wenn man die Leidenschaft verstösst, sondern wenn man sie in sich einzieht und die so ist wie die ruhige Heiterkeit, die im Gesicht der griechischen Statuen liegt, und die Verzweiflung und Schmerz nicht vernichten, sondern nur verdichten und verstärken können.

So etwa könnten wir diese losen und zerstreuten Blumenblätter der Dichtung zu einer vollkommenen Rose des Lebens sammeln und doch möchten wir vielleicht, wenn wir es tun, das wahre Wesen der Gedichte nicht treffen; des Menschen wirkliches Leben ist so oft das Leben, das er nicht führt, und schöne Gedichte können wie schöne Seidenfäden zu vielerlei Mustern verwoben werden, die alle wunderbar und verschieden sind: und dazu ist die romantische Dichtung wesentlich die Dichtung der Impressionen, und wie die letzte Richtung in der Malerei, die Richtung Whistlers und Albert Moores, wählt sie zu ihrer Situation nicht eine Fabel oder ein Thema, sie behandelt lieber die Ausnahmen als die Typen des Lebens, sie liebt die intensive Kürze in dem, was man ihre feuerfarbene Augenblicklichkeit nennen könnte, denn in der Tat sind es jetzt die

Augenblickssituationen des Lebens, das momentane Aussehen der Natur, was Dichtung und Malerei uns vermitteln wollen. Ehrlichkeit und Treue wird der Künstler natürlich immer haben, aber künstlerische Ehrlichkeit ist bloss die plastische Vollendung der Ausführung, ohne die ein Gedicht oder ein Gemälde, mag die Empfindung noch so edel, seine Herkunft noch so menschlich sein, nur vergeudete und unwirkliche Arbeit ist, und treu sein kann der Künstler nicht einem festgelegten Lebensgesetz oder System, sondern nur dem Prinzip der Schönheit, durch das die schwankenden Schatten des Lebens in ihrem flüchtigsten Augenblick festgehalten und verewigt werden. Er wird sich zum Beispiel in Dingen der Erkenntnis nicht bei der bequemen Orthodoxie unserer Zeit beruhigen und ebensowenig verlangt es ihn nach dem feurigen Glauben der antiken Zeit, der die Phantasie zwar intensiver machte, aber beschränkte, noch weniger wird er zugeben, dass der Friede seiner Kultur von der misstönenden Verzweiflung des Zweifels oder der Düsterkeit unfruchtbarer Skepsis zerrissen wird, denn das Tal der Gefahr, wo die Heere der Unwissenden zur Nacht rasselnd zusammenstossen, ist kein schicklicher Ruheplatz für die, denen die Götter das helle Hochland, den heiteren Gipfel und die sonnige Luft bestimmt haben – lieber wird er es immer in Neugier mit neuen Formen des Glaubens versuchen, wird seine Natur in den Gefühlen untertauchen lassen, die noch um alten schönen Glauben zittern, und wenn er, der die Erfahrung selbst, nicht ihre Früchte sucht, ihr Geheimnis geborgen hat, wird er ohne Bedauern vieles lassen, was ihm einmal sehr teuer war. »Ich bin immer unaufrichtig,« sagt Emerson irgendwo, »da ich weiss, es gibt auch andere Stimmungen.« »Les émotions,« schrieb Théophile Gautier einmal in einer Kritik über Arsène Houssaye, »les émotions ne se ressemblent pas, mais être ému – voilà l'important«.

Dies also ist das Geheimnis der Kunst der romantischen Schule unserer Zeit und gibt uns den rechten Grundton, sie zu erfassen; aber das eigentliche Wesen aller Werke, die wie die Gedichte Rodds, wie ich sagte, nach einer rein künstlerischen Wirkung streben, kann nicht mit den Worten, die der Sprache begrifflicher Kritik zur Verfügung stehen, beschrieben werden; sie sind dafür unzugänglich. Man kann vielleicht am besten in Ausdrücken zu ihnen führen, die den andern Künsten entnommen sind und auf sie hinweisen; und wirklich, einige dieser Gedichte irisieren wie ein entzückendes Stück venetianisches Glas und sind ebenso köstlich; andere sind so duftig in der Vollkommenheit ihrer Ausführung und so einfach im Naturmotiv wie eine Radierung Whistlers oder wie eine der schönen kleinen griechischen Figuren, die man in den Olivenhainen um Tanagra heute noch finden kann, mit der matten Vergoldung und dem Hauch von Karmesin, die noch nicht ganz von Haar und Lippen und Gewand geschwunden sind; und viele von ihnen gleichen den Dämmerungen Corots, die eben zu Musik werden, denn nicht bloss in der sichtbaren Farbe, sondern auch in der Empfindung – die die Farbe der Poesie ist – kann wohl eine Art Ton liegen.

Aber ich glaube, das beste Gleichnis für das Wesen der Gedichte dieses jungen Poeten, das ich je sah, fand ich in der Loirelandschaft. Er und ich hielten uns einmal in dem kleinen Städtchen Amboise auf, mit seinen grauen Schieferdächern und seinen steilen Strassen und dem schmalen, finsteren Torweg, wo die friedlichen Hütten wie weisse Tauben in den düstern Spalten der grossen Felsenfestung nisten, und die stattlichen Renaissancegebäude schweigsam und vornehm dastehen – jetzt sehr öde, aber die feingedrehten Säulen und geschnitzten Tore mit ihren grotesken Tieren und lachenden Masken und wunderlichen Wappensprüchen noch von mancher Erinnerung an die alten Tage umschwebt, und das alles erzählt von einem Menschenschlag, der sich das Leben nicht wirklich denken konnte, solange er's nicht phantastisch gemacht hatte. Und oberhalb des Städtchens, jenseits der Biegung des Flusses, gingen wir gewöhnlich nachmittags und zeichneten von einem der grossen Kähne aus, die im Herbst den Wein und im Winter das Holz zum Meer bringen, oder wir lagen im hohen Gras und entwarfen Pläne pour la gloire, et pour ennuyer les Philistins, oder wir spazierten an den niedrigen, schilfbewachsenen Ufern und »bliesen unsere Rohrpfeife in fröhlichem Wettkampf«, wie es Gefährten in den alten Tagen Siziliens gern taten; und das Land war ein ziemlich gewöhnliches Land und sogar kahl, wenn man an Italien dachte, wie da die Oleanderbäume die Berge bei Genua mit Scharlach schmückten und die Cyklamen mit ihrem Purpur jedes Tal von Florenz bis Rom erfüllten; denn es gab nicht viel wirkliche Schönheit hier, nur lange, weisse, staubige Strassen und gerade, feierliche Pappelalleen, aber

dann und wann verlieh ein kleiner flüchtiger Schimmer gebroche-
nen Lichts dem grauen Feld oder der stillen Scheune ein Geheimnis
und eine Weihe, die sie nicht wirklich besassen, und verklärte für
einen einzigen köstlichen Augenblick die Bauern, die den Weinberg
herabstiegen, oder den Schäfer, der auf dem Hügel weidete, betupf-
te die Weidenbäume mit Silber und verwandelte den Fluss in flies-
sendes Gold; und die wunderbare Wirkung zusammen mit der
seltsamen Einfachheit des Materials schien mir immer ein wenig
wie die Art dieser Verse meines Freundes.

Sonett an die Freiheit

(Oscar Wilde, Poems. London 1881.)

Nicht darum, weil ich hold bin deinen Söhnen,
In deren Sinn nichts lebt als festgeballt
Der eignen dumpfen Leiden Missgestalt, –
Doch weil aus deinem wilden Machtverhöhnen,
Aus deines Schreckenreichs Gewitterdröhnen
Mir meiner eignen Leidenschaft Gewalt
Und meinem Grimm ein Echo widerhallt, –
Darum, du Freiheit! jauchzt bei deinen Tönen
Mein Innerstes, sonst könnte Tyrannei
Das heilge Recht der Völker immerhin
Mit Knuten treffen und mit Kanonaden,
Und meine Seele bliebe kalt dabei –
Und doch, und doch! Gott weiss, wie eins ich bin
Mit jenen Heilanden der Barrikaden.

Über tredition

Eigenes Buch veröffentlichen

tredition wurde 2006 in Hamburg gegründet und hat seither mehrere tausend Buchtitel veröffentlicht. Autoren veröffentlichen in wenigen leichten Schritten gedruckte Bücher, e-Books und audio-Books. tredition hat das Ziel, die beste und fairste Veröffentlichungsmöglichkeit für Autoren zu bieten.

tredition wurde mit der Erkenntnis gegründet, dass nur etwa jedes 200. bei Verlagen eingereichte Manuskript veröffentlicht wird. Dabei hat jedes Buch seinen Markt, also seine Leser. tredition sorgt dafür, dass für jedes Buch die Leserschaft auch erreicht wird.

Im einzigartigen Literatur-Netzwerk von tredition bieten zahlreiche Literatur-Partner (das sind Lektoren, Übersetzer, Hörbuchsprecher und Illustratoren) ihre Dienstleistung an, um Manuskripte zu verbessern oder die Vielfalt zu erhöhen. Autoren vereinbaren direkt mit den Literatur-Partnern die Konditionen ihrer Zusammenarbeit und partizipieren gemeinsam am Erfolg des Buches.

Das gesamte Verlagsprogramm von tredition ist bei allen stationären Buchhandlungen und Online-Buchhändlern wie z. B. Amazon erhältlich. e-Books stehen bei den führenden Online-Portalen (z. B. iBookstore von Apple oder Kindle von Amazon) zum Verkauf.

Einfach leicht ein Buch veröffentlichen: **www.tredition.de**

Eigene Buchreihe oder eigenen Verlag gründen

Seit 2009 bietet tredition sein Verlagskonzept auch als sogenanntes "White-Label" an. Das bedeutet, dass andere Unternehmen, Institutionen und Personen risikofrei und unkompliziert selbst zum Herausgeber von Büchern und Buchreihen unter eigener Marke werden können. tredition übernimmt dabei das komplette Herstellungs- und Distributionsrisiko.

Zahlreiche Zeitschriften-, Zeitungs- und Buchverlage, Universitäten, Forschungseinrichtungen u.v.m. nutzen diese Dienstleistung von tredition, um unter eigener Marke ohne Risiko Bücher zu verlegen.

Alle Informationen im Internet: **www.tredition.de/fuer-verlage**

tredition wurde mit mehreren Innovationspreisen ausgezeichnet, u. a. mit dem Webfuture Award und dem Innovationspreis der Buch Digitale.

tredition ist Mitglied im Börsenverein des Deutschen Buchhandels.

Dieses Werk elektronisch lesen

Dieses Werk ist Teil der Gutenberg-DE Edition DVD. Diese enthält das komplette Archiv des Projekt Gutenberg-DE. Die DVD ist im Internet erhältlich auf **http://gutenbergshop.abc.de**

Zeitfracht Medien GmbH
Ferdinand-Jühlke-Straße 7
99095 Erfurt, Deutschland
produktsicherheit@kolibri360.de